REIHE: GESUNDHEIT UND ERNÄHRUNG

Jaap Huibers

KRANK SEIN – LÄSTIG, ABER DOCH GESUND

KRANK SEIN – LÄSTIG, ABER DOCH GESUND: Erkenne dich selbst durch deine Krankheit – und du bleibst gesund! Bei Krankheit nicht verzweifeln, sondern versuchen, sie zu verstehen. Vom Symptom zum Sinn: ein neuer Weg der verstehenden Medizin.

Ist es Ihnen schon einmal aufgefallen, daß manche Menschen sich nach einer Krankheit eigentlich besser fühlen als vorher, daß sie *wie neugeboren* wirken? Warum? Liegt vielleicht in dieser Tatsache das tiefere Verständnis für den Sinn des Leidens?

Krankheit und Gesundheit sind keine wirklichen Gegensätze, keine »Todfeinde«, sie sind eher Widerpartner, die uns am Leben erhalten, indem sie sich ins Gleichgewicht bringen. Die Natur hat vorgesorgt: Sie übt rechtzeitig einen »Gegendruck« aus, wenn wir einmal zu weit mit der Verausgabung unserer Kräfte gegangen sind.

Jede Krankheit hat eine besondere Bedeutung für die Entwicklung unserer ganzen Persönlichkeit. Leider sehen die meisten Menschen in ihr lediglich nur ein lästiges Schreckgespenst. Sie ist jedoch ein Warnsignal, das uns auf eine Disharmonie im Körper aufmerksam macht. In der Krankheit liegt die Chance, die schädlichen Dinge gründlich zu ändern.

Jede Krankheit wirkt reinigend. Krankheit trägt zur Bewußtwerdung unseres wahren Ichs manchmal mehr bei als Gesundheit.

Jaap Huibers spricht in diesem Buch über die am häufigsten vorkommenden Krankheiten und leuchtet ihre Hintergründe aus. Das Buch ist ein hilfreicher Ratgeber für alle Menchen, die sich dagegen auflehnen, nichts weiter als Maschinen mit für die Gesellschaft nützlichen Eigenschaften zu sein – die ein Bedürfnis verspüren, ihr »eigentliches Ich« zu entwickeln.

Jaap Huibers

KRANK SEIN – LÄSTIG, ABER DOCH GESUND

AURUM VERLAG · FREIBURG IM BREISGAU

Der Titel der bei Uitgeverij Ankh-Hermes bv, Deventer,
erschienenen holländischen Originalausgabe lautet:
ZIEKZIJN . . . LASTIG MAAR WEL GEZOND.
Die deutsche Übersetzung besorgte ruth-elisabeth.

Mit 16 Abbildungen

1. Auflage 1980
2. Auflage 1982
ISBN 3 591 08141 8

Satz und Druck: Druckerei und Verlag Karl Schillinger, Freiburg im Breisgau.
Bindung: Walter Verlag GmbH, Buchbinderei, Heitersheim.
Printed in Germany.

Meiner kleinen Tochter Irene

Das kosmische ABC

Papa, wenn ich groß bin, kann ich dann alle Buchstaben lesen, so wie du und Mama?

Weißt du, Papa, dann kann ich alle Menschen, die ich mag, richtig aufschreiben.

Und dann, Papa, kann ich mir das Aufgeschriebene unter mein Kopfkissen legen, abends, wenn ich schlafen gehe und Mama mir vorgelesen hat. Dann ist das genau so, als wären alle, die ich mag, ganz dicht bei mir. Fein, Papa – nicht? Buchstaben, die fast so wie Menschen sind!

Sieh mal, Papa, die Oma, die habe ich sehr lieb, die schreibe ich mit einem O. Das ist also auch ein ganz lieber Buchstabe.

Aber im Kindergarten, Papa, da ist ein Junge, der uns dauernd ärgert.

Weißt du, wie ich seinen Buchstaben schreibe? Guck, das ist ein R, das ist sehr schwer zu schreiben.

Papa, dich habe ich sehr lieb – weshalb fängt dein Name nicht mit O an, so wie Oma?

Ach, Papa, ich weiß schon, du bist eben anders lieb als die Oma. Oma sagt immer »Schmusemäuschen« zu mir – und du: »ulkige Nudel«.

Weißt du, was ich mache? Ich male dich als Sonne in meiner Schrift und die Oma als einen Haufen Sterne, denn die sind auch alle ein bißchen anders, das hast du mir selbst erzählt.

Papa, haben die Sterne auch einen Namen?

Du, Papa, wenn du das Licht ausmachst, ist es so wie am Nikolausabend.

Schau mal, der Mond guckt durch die Zweige dort hinter dem Haus. Komisch, daß mich immer einer ansieht.

Papa, wenn ich groß bin, kann ich dann auch »Mond« schreiben? Und, Papa, können die schweren Buchstaben auch lieb sein?

Vorwort

Dem höchsten Gott allein zu Ehren,
dem Nächsten draus sich zu belehren.
(J.S. Bach)

Wer heutzutage mal einen Blick auf den Etat des Gesundheitsministeriums wirft, sieht, daß für die Volksgesundheit horrende Summen ausgegeben werden. Vergleicht man diese jedoch mit dem entsprechenden statistischen Datenmaterial, so kommt man zu der Erkenntnis, daß Gesundheit nicht käuflich ist.

Wissen Sie übrigens, daß man unter »Gesundheit« heute etwas ganz anderes versteht als im Altertum?

In unserer Zeit bedeutet Gesundheit nichts anderes als eine körperliche Verfassung, die die optimale Funktionstüchtigkeit des Menschen im Rahmen unserer nach wirtschaftlichen Gesichtspunkten ausgerichteten Gesellschaftsordnung gewährleistet. Gesund ist also nach den derzeit gültigen Normen, wer sich »wohlfühlt«.

Die alten Griechen hatten für »Gesundheit« das Wort *holoklèria*, was soviel wie »Unversehrtheit aller Teile« bedeutet. Das ist etwas grundsätzlich anderes als »sich wohlfühlen«. Haben Sie schon einmal bedacht, daß eine Krankheit stets mit Erscheinungen nichtkörperlicher Art einhergeht? Äußere Umstände und die seelische Verfassung sind ja aufs engste mit einer Krankheit verknüpft.

Ist Ihnen schon einmal aufgefallen, daß die Entdeckung von Bakterien und Viren naturgemäß wesentlich zur Vermeidung von Frustrationen beigetragen hat? Dem Arzt ist damit doch wenigstens *etwas* in die Hand gegeben, was er für die Krankheit verantwortlich machen kann. Alle nicht-infektiösen Krankheiten hingegen können u. U. für den Mediziner zu einem Alptraum werden. Er behandelt Symptome und weiß alles über das Krankheits*bild*; fragen wir ihn jedoch nach den eigentlichen *Ursachen*, so ergeht er sich in Allgemeinplätzen wie »Spannungen«, »falsche Lebensweise« oder »äußere Einflüsse«.

Körper bleibt Körper; und alles, was darüber hinausgeht, hört sich der Arzt meist nur mit Vorbehalten und nicht ohne Skepsis an.

Wissen Sie aber, daß es – genau genommen – unverantwortlich wäre, eine ärztliche Behandlung als die allein richtige anzusehen, ohne sich der eigentlichen Ursachen bewußt geworden zu sein? Man vermag doch keine Schlüsse zu ziehen, ohne die Fakten, Gründe oder Motivationen, die zu eben diesen Schlüssen geführt haben, zu kennen. (Übrigens fällt mir da ein sarkastischer Satz ein: Es ist besser, medizinisch erklärlich zu sterben als medizinisch unerklärlich zu überleben.)

Der Arzt strebt gewissermaßen eine »Erfolgsgarantie« an (für ihn gleichbedeutend mit Gesundheit). Solche Vorstellungen versucht dieses Buch abzubauen; denn haben Sie sich schon einmal gefragt, wozu Sie leben würden, wenn Sie eine solche »Gesundheitsgarantie« besäßen?

Zum Schluß möchte ich Sie noch fragen, ob es Ihnen noch nicht aufgefallen ist, daß manche Menschen durch eine Krankheit ganz verändert werden, daß sie nach überstandener Krankheit *wie neugeboren* sind?

Eine Zauberei? Man sollte es fast meinen. Und – sehen Sie – genau um diese Zauberei geht es in diesem Buch. Es ist ein Buch für große Menschen*kinder*, die empfänglich für ein Märchen sind, das mit den Worten beginnt: »Es war einmal eine Prinzessin, die wurde sehr krank ... und dann ... und dann ... und dann lebte sie noch *lange glücklich und zufrieden.*« Über das »und dann ... und dann ... und dann ...« wollen wir uns nun ausführlicher unterhalten.

Denjenigen, die ihr Heil von starren wissenschaftlichen Vorurteilen abhängig machen, wird dieses Buch wie ein »Luftschloß« vorkommen. Und analog zu allen sonstigen Pioniertaten kommt auch hier einmal der Augenblick, da die Grenze der »bewohnten Welt« (hier der Sicherheiten) überschritten wird und wir uns mutig und vertrauensvoll in Neuland vorwagen müssen.

Wirklichkeit wird dieses Märchen jedoch für diejenigen, die wissen, daß ein Märchen die elementarste Darstellungsform der eigentlichen Wirklichkeit hinter der Wirklichkeit ist.

»Es war einmal« – das gilt für jeden Menschen. Versuchen Sie nun den Mut aufzubringen, sich in das »und dann ... und dann ... und dann« hineinzudenken. Weshalb sollte die Geschichte dann nicht mit einem langen, glücklichen Leben enden?

Lassen Sie sich nicht von der Nüchternheit unserer Zeit anstecken! Hören Sie nicht auf die Vorurteile und Voreingenommenheiten der nach Sicherheit Strebenden! Begeben Sie sich auf Entdeckungsreisen und bleiben Sie dabei Ihrem Wesen treu! Bauen Sie Ihre Persönlichkeit auf und geben Sie ihr das Gepräge Ihres ureigensten Seins!

Sonst geht es Ihnen und Ihrer Gesundheit am Ende womöglich so, wie P.A. de Genestet es so trefflich beschrieb:

»Sei du selbst«,
sagte ich zu einem.
Aber das konnte er nicht;
er war niemand.

Also doch ... es war einmal ...

Jaap Huibers

Einleitung

Vieles wird bewiesen, was im Grunde nicht wahr ist,
und vieles ist ewig wahr, obgleich es sich nicht beweisen läßt.
Aus: *Lekedichtjes* (Laienreime) von Petrus de Genestet

Wenn jemand sagt: »Der Mensch ist nicht zum Kranksein geboren«, werden Sie ihm sicher zustimmen. Nichts ist angenehmer und wünschenswerter als eine gute Gesundheit. Obgleich für das Gesundheitswesen viel Geld ausgegeben wird, ist man im Alltag doch kaum auf eine Krankheit eingestellt. Unsere Gesellschaft und mehr noch unsere Wirtschaft vertragen das Kranksein des Menschen im Grunde nicht. Krankheit bedeutet Störung der Planung, der Ordnung, des geregelten Prozeßablaufs. Und doch ist die häufig so heiß herbeigesehnte Gesundheit nicht für Geld und Gut erhältlich. Im Gegenteil.

Die Gesundheit des Menschen scheint sich umgekehrt proportional zum wachsenden gesellschaftlichen Wohlstand zu entwickeln. Es ist zwar schon oft gesagt worden, aber ich will es dennoch wiederholen: In Zeiten der Besinnung und der Not, wie wir sie beispielsweise im Kriege und den Jahren danach erlebten, waren die Menschen gesünder als während der Wohlstandsperioden. Das Streben nach (vor allem materiellem) Reichtum wirkt sich offenbar zerstörend auf den gesamten Menschen aus.

Eine Analyse unseres wirtschaftlich orientierten Gesellschaftssystems, welches uns ja den materiellen Wohlstand bescherte, hat uns gelehrt, daß gerade dieses System keinerlei Unregelmäßigkeiten – wie z.B. eine Krankheit – verträgt. Es hat sich ferner gezeigt, daß der Wohlstand nicht nur eine Häufung der Krankheitsfälle mit sich bringt, sondern auch eine Steigerung der Krankheitsintensität. Die heute hinlänglich bekannten »Wohlstandskrankheiten« sind durchweg ernster und tiefgreifender Natur.

Denken Sie nur an die Herz- und Kreislaufbeschwerden, an die Zuckerkrankheit und die immer weiter um sich greifenden Leberschäden. Dabei handelt es sich ja um langwierige und unheilbare Leiden. Es ist kein Zufall, daß das Streben nach irdischen Gütern einerseits und der hartnäckige Charakter der Wohlstandskrankheiten andererseits so eng zusammenhängen. Eine Erklärung für diesen Sachverhalt finden wir in der Gesetzmäßigkeit natürlicher (kosmischer) Prozesse. In der Natur ist alles auf Harmonie und Ausgewogenheit ausgerichtet. Auch die Krankheit hat eine regulierende Funktion. Wie aber können wir das erkennen? Versuchen wir, die Antwort in einer vereinfachten Darstellung des menschlichen Seins zu finden. Der Mensch ist ein dualistisches Geschöpf. Dies war nicht seit Anbeginn so. Das geht aus der biblischen wie auch aus der griechisch-mythologischen Schöpfungsgeschichte hervor. Erst nach dem Sündenfall (Bibel) bzw. der Vertreibung des Gottes Uranos durch Saturn (griechische Mythologie) unterscheidet der Mensch zwischen »gut« und »böse«. Zu diesem Zeitpunkt wurde nicht nur der Gegen*satz*, sondern auch das Gegen*teil*, das Widerspiel, geboren. Der Mensch erfuhr also, daß es Dinge und Begriffe gibt, die einander trotz ihrer Gegensätzlichkeit nicht ausschließen, sondern ergänzen, die also zusammen ein Ganzes ergeben. Der einpolige Ursprung des Menschen ist die vollkommene Harmonie der Gegenteile. Es handelt sich dabei um eine absolute Verschmelzung, wie sie das Prinzip der Befruchtung verkörpert: Männliche Samenzelle und weibliche Eizelle (Gegenteile also) verschmelzen zu einem Ganzen, zu neuem Leben.

Im Prinzip der Gegenteile (Dualismus) gibt es zwei Elemente, einmal den *Sinn* und zum zweiten den *Zweck*.

Der Sinn des Gegenteilprinzips ist aus dem regulierenden Einfluß ersichtlich. Die ursprüngliche Einheit ist zwar gestört, aber die Gegenteile fügen sich nach wie vor zu einem Ganzen zusammen. Überwiegt eine der beiden »Parteien«, so löst dies bei der anderen sofort eine Art »Gegendruck« aus – mit anderen Worten: die Gegenteile halten einander im Gleichgewicht. So sind zwar Mann und Frau oder Tag und Nacht Gegenteile, bilden aber nichtsdestotrotz eine kosmische Einheit (siehe Abbildung).

T'ai-Tji, Urbild des kosmischen Rhythmus, wie er sich aus der Gesetzmäßigkeit der Gegenteile ergibt. Yin (links) und Yang (rechts) bilden zusammen eine Einheit.

Der Zweck des Gegenteilprinzips ist die Erreichung der ursprünglich vollkommenen Harmonie, die in der christlichen Kultur im Begriff »Himmel« zum Ausdruck kommt. Auffallend ist, daß die griechische Mythologie den Begriff »Himmel« in der Person des Uranos dargestellt hat, der von Chronos (Saturn) vertrieben wurde.

Uranos war der Gemahl der Gäa (Erde). Der Bruch dieser Beziehung kommt beim Menschen im Kampf zwischen Geist (Himmel) und Stoff (Erde) zum Ausdruck. Endzweck dieses dualistischen Prinzips ist die Wiedervereinigung von Geist und Stoff. Diese Wiedervereinigung wird vom Apostel Johannes vorausgesagt. In einer seiner Visionen auf der Insel Patma schildert er, wie der »neue Himmel« (der erneuerte Uranos) auf die Erde herniederkommt. Nach den Vorstellungen der griechischen Mythologie entspricht dies der Wiedervereinigung von Uranos und Gäa, die zu einer absoluten Harmonie führt. Bezeichnenderweise verwendet das Neue Testament das Bild vom Himmel (Mann), der sich auf die Erde (Frau) herabsenkt.

Dies entspricht in etwa der Stellung, die beim menschlichen Geschlechtsakt am häufigsten eingenommen wird, in welchem eine Verkörperung der Ur-Kreativität des Menschen zu sehen ist.

Als Kernpunkte der Gegenteiligkeit lassen sich die Begriffe *»harmonisch«* und *»disharmonisch«* nennen. »Gut« und »böse« sind mehr oder weniger verzerrte Spiegelbilder dieser Elemente. Die Begriffe »gut« und »böse« entstammen dem christlichen Kulturgut. Die alte chinesische Philosophie spricht statt dessen von »wahrhaftig« und »unwahrhaftig« oder auch vom »Edlen« und »Unedlen«.

Das menschliche Sein ist in sich nicht zweckgebunden. Die Existenzberechtigung des Menschen wurzelt im Prinzip der Zwei-Einheit, die letztlich wieder zu einer Verschmelzung führen muß – zu der einen, vollkommenen, göttlichen Harmonie.

Denkt man in diesen Kategorien, so sind Krankheit und Gesundheit keine Gegensätze, sondern Gegenteile bzw. Widerspiele, die einander im Gleichgewicht halten. Gemeinsam bilden sie einen Aspekt der Totalität, die wir Mensch nennen.

Wenn wir also durch eine wohlstandsbedingt zu starke disharmonisch-materielle Ausrichtung aus dem Gleichgewicht geraten sind, reagiert die Natur sogleich durch einen »Gegendruck«, d.h. wir erkranken.

Die Krankheit bietet uns Gelegenheit, uns des gestörten Gleichgewichts bewußt zu werden. Bedauerlicherweise sehen wir jedoch in der Krankheit meist nur ein leidiges Übel, das schnell beseitigt werden muß, um wieder der Gesundheit Platz zu machen. Schematisch läßt sich das Problem so darstellen:

1. Krankheit → Gesundheit → nichts

2. Krankheit ↘
→ vollkommene Harmonie (Einheit)
Gesundheit ↗

Im ersten Schema zielt man auf die Gesundheit ab. Hat man dieses Ziel erreicht, d.h. ist man gesund geworden, entfällt der eigentliche Zweck. Diese Form der Gesundheit führt faktisch zu nichts.

Im zweiten Schema können sowohl die Gesundheit als auch die Krankheit zur Erlangung der vollkommenen Harmonie beitragen (der »neue Himmel«, der auf die Erde herniederkommt). Hier empfinden wir die Krankheit nicht als etwas Minderwertiges, sondern als einen Weg zur Bewußtwerdung. Auch die Gesundheit wird grundsätzlich anders beurteilt als beim ersten Schema. Wenn wir gesund sind, können wir unser Streben nach Bewußtwerdung der vollkommenen Harmonie gestalten.

Wo liegt nun der Unterschied zwischen der Bewußtwerdung mittels einer Krankheit und der Bewußtwerdung mittels Gesundheit?

Die Krankheit hat eine »läuternde« Funktion, während die Gesundheit eine Bestätigung des von uns eingeschlagenen harmonischen Weges ist.

In diesem Zusammenhang ist wohl eine Bemerkung gestattet: Die Fortschritte, die der Mensch macht, d.h. der Weg, der ihn zur vollkommenen Harmonie führt, ist »phasiert«. Ich will damit zum Ausdruck bringen, daß dem Menschen nicht nur ein einziges (stoffliches) Leben zur Erreichung seines Zieles zur Verfügung steht, sondern daß sich ihm mehrere Möglichkeiten bieten. Jedes dieser Leben kann dazu beitragen, daß wir uns auf harmonische Weise unserer letztlichen Bestimmung nähern. Auf dieser »Reise« sind die einzelnen Leben wie an einem *Verbindungsfaden* aufgereiht. So können beispielsweise Spannungen, die in einem früheren Leben aufgetreten waren, in ein folgendes hineinstrahlen. In der Geisteswissenschaft bezeichnet man dieses Phänomen als *Karma*, im Christentum kennt man es als »Erbsünde«. Das Karma bezieht sich aber nicht nur auf disharmonische, sondern gleichermaßen auch auf harmonische Aspekte des »Lebensfadens«.

Wenn wir bereit sind, uns von der Vorstellung zu lösen, daß Krankheit *zwangsläufig* zur Gesundheit führen *muß*, und zu der Erkenntnis kommen, daß sowohl Krankheit als auch Gesundheit zur Erlangung der vollkommenen Harmonie beizutragen vermögen, werden wir feststellen, daß wir mit einer rein rationalen bzw. kausalen Erklärung der uns bekannten Krankheiten nicht viel weiterkommen. Jedes Krankheitssymptom hat nämlich nicht nur eine kausale, sondern auch eine a-kausale (d.h.

eigentliche) Ursache. Und eben diese a-kausalen Ursachen kommen in diesem Buch zur Sprache.

Nicht das (stoffliche) Medikament bewirkt echte Genesung, sondern die Bewußtwerdung der eigentlichen Ursachen; sie geht uns zu Herzen, macht uns froh. Heißt es nicht schon in den alttestamentarischen Sprüchen:

»Ein fröhlich Herz macht das Leben lustig (sprich: die Medizin gut), aber ein betrübter Mut vertrocknet das Gebein« (Spr. 17,22).

Darin kommt die Wesensart dieses Buches zum Ausdruck: Nicht das Heilmittel als solches führt zur Gesundung, sondern die Bewußtwerdung (das fröhliche Herz), die gegebenenfalls mit Hilfe eines Medikaments vollkommene Harmonie herbeizuführen vermag. Die ursprüngliche Einheit all dessen, was »ist«, was »war« und was immerdar »sein wird«, verleiht unserem Leben den Sinn, der ihm von Anbeginn vorbestimmt war.

1
Unser Dasein ist die Zeit der Vorbereitung auf eine nächste Phase

... denn es hat alles Vornehmen seine Zeit und alle Werke.
(Prediger 3,17)

Der Mensch ist ein kosmisch gebundenes Wesen, d.h. er lebt ebenso wie die Vertreter der anderen Naturreiche (Mineral-, Pflanzen- und Tierreich) im Rahmen der Möglichkeiten fester kosmischer Gesetze. Man darf im Menschen also nie ein »Supergeschöpf« sehen, das sich den Naturgesetzen nicht unterwirft (auch wenn dies manchmal den Anschein hat), sondern ein Wesen, das ein Glied im Gefüge kosmischer (also natürlicher) Vorgänge darstellt.

Über die psychologische Struktur des Minerals, der Pflanze und bis zu einem gewissen Grade auch des Tieres ist uns wenig bekannt. Unter »psychologischer Struktur« verstehe ich nicht nur das Bild, das wir vom Verhalten her gewinnen, sondern den Einblick in die Gefühlsabläufe (den »Seelenaspekt«) des Tieres, der Pflanze oder des Minerals. Wir wissen beispielsweise, daß ein Tier fühlen kann; von Pflanzen und Mineralen wissen wir es genau genommen zum gegenwärtigen Zeitpunkt (noch) nicht, obwohl alles darauf hindeutet, daß sich in bezug auf die

Vegetation schon eine Wende anbahnt. Dies geht aus der einschlägigen Literatur hervor. Wir haben keine Ahnung, ob sich Tier, Pflanze oder Mineral mit dem Sinn ihres Daseins befassen. Hat dieses Dasein auf Erden überhaupt einen Sinn? Was für einen Zweck hat das Leben?

Alles hat seine Zeit – nichts geschieht zufällig

Aus diesen alten und tiefsinnigen Worten können wir wahrscheinlich den Kern aller Existenz ersehen. Fassen wir den ersten Teil des Satzes in einen einzigen Begriff zusammen, so stoßen wir auf das Wort *Rhythmus*. Jedwedes Leben im Kosmos wie auch auf Erden verläuft rhythmisch. Dies trifft nicht nur für physiologische, sondern gleichermaßen auch für psychologische Prozesse zu. Wir konstatieren eine Wechselwirkung (Interaktion) zwischen körperlichen und seelischen Vorgängen sowohl bei einer Person als auch zwischen mehreren Personen. Der Gesundheitszustand eines Menschen vermag beispielsweise den Gemütszustand eines anderen stark zu beeinflussen und umgekehrt. Wir sind also imstande, uns wechselseitig zu beeinflussen. Eine solche Beeinflussung bzw. Einflußnahme hängt stets von den jeweiligen (Lebens-) Rhythmen ab. Wir unterscheiden derer viele – den Rhythmus des Herzschlages, des Lidschlages, der Atmung, der Magen-Darm-Peristaltik, der Angleichung an die Jahreszeiten, ferner den Rhythmus der Nahrungsaufnahme, den Tag-Nacht-Rhythmus, den Arbeits-, Freude- und Verdrußrhythmus (jeder Mensch hat bekanntlich Perioden, in denen er für Freude empfänglicher ist, und solche, in denen er mehr zum Trübsinn neigt), weiterhin den Sprachrhythmus oder den Denkrhythmus – um nur einige zu nennen.

Der Mensch ist somit abhängig von den verschiedensten Rhythmen – ebenso wie das Tier, die Pflanze und das Mineral. Dafür lassen sich Beispiele anführen.

Meist macht man sich über dererlei Dinge kaum Gedanken und berücksichtigt selten, daß unser Leben in bestimmten Rhythmen abläuft.

Fragt man einmal, was unter »Rhythmus« verstanden wird, so dürfte die Mehrzahl der Antworten auf eine musikalische Deutung hinauslaufen, auf das Taktschlagen oder das Händeklatschen zu bestimmten Melodien.

Ein Musiker wird mit seiner Antwort nicht so schnell bei der Hand sein, denn er weiß aus Erfahrung, wie kompliziert und vielfältig dieser Begriff »Rhythmus« ist. In der Musik kann man *»Rhythmus«* wahrscheinlich mit *»Geisteskraft«* gleichsetzen. Die *Seele* eines Stückes kommt in der *Melodie* zum Ausdruck. Rhythmusgesetze sind ungeschriebene Gesetze. Man denke nur daran, wie vielfältig ein musikalisches Thema – bei Benutzung des gleichen Notenblattes, wohlverstanden! – wiedergegeben werden kann. Das Notenblatt verkörpert den geschriebenen Rhythmus, doch es stellt auch ein Spiegelbild der eigentlichen Geisteskraft dar, die gewissermaßen hinter den Noten steht.

Kern des Begriffes »Rhythmus« ist der Faktor »Zeit«. Ohne Zeit kein Rhythmus und ohne Rhythmus keine Zeit.

Zeit als solche existiert nicht. Zeit entsteht erst, sobald ein Rhythmus auftritt. Und Rhythmus ist eine Folge des Lebens, das sich in der Zeit vollzieht. Man könnte also sagen, daß der Begriff »Zeit« als grundlegendes Element allen Lebens angesehen werden muß und umgekehrt. Zeit ist relativ, Rhythmus hingegen absolut, da jeder (Lebens-) Rhythmus in sich unveränderlich ist. Dies schließt allerdings nicht aus, daß man gelegentlich meint, diesen oder jenen Rhythmus durchbrechen zu können.

Zeit hängt mit dem Ablauf eines Rhythmus zusammen. Rhythmus ist eine direkte Folge des sich vollziehenden *Gehalts*. Es hat schon seinen Grund, daß der russische Schriftsteller Leo Tolstoi in seinem möglicherweise kleinsten Werk, der *Kreutzersonate*, Musik als die gefährlichste aller Künste bezeichnet. Tolstoi beschreibt in dieser Erzählung auf geradezu faszinierende Weise, wie tief Musik (=Rhythmus) die menschliche Seele bewegen kann. Er erklärt u.a., daß alle Künste eine Widerspiegelung der Dinge (des Lebens) seien, die Musik jedoch das Wesen der Dinge spiegele. Man könnte also die Worte »... alles hat seine Zeit« auch dahingehend auslegen, daß man sagt: »*Alles hat seinen (Lebens-)Rhythmus.*«

In der heutigen Zeit ist vielen die Einsicht verlorengegangen, daß es natürliche Lebensrhythmen gibt. Wenn das Gleichgewicht zwischen Kultur und Natur zugunsten der Kultur gestört ist, wird sich der Mensch immer weiter von der Urquelle seines Daseins entfernen, vom natürlichen Verbund der Dinge (worunter hier das Verhältnis der einzelnen Lebensrhythmen zueinander gemeint ist).

Letzteres ist nicht selten eine Folge der Überheblichkeit mancher Wissenschaftler. Wissenschaft als solche ist keineswegs fragwürdig, solange sie nicht die ausschließliche Basis unseres gesamten Denkens und Tuns bildet. Seit der Mitte des vorigen Jahrhunderts hat sich jedoch der »wissenschaftlich exakte Nachweis« zu einer »heiligen Kuh« entwickelt, was gelegentlich dazu führt, daß Erfahrungen eines Menschen in den Wind geschlagen werden, weil sie sich nicht wissenschaftlich belegen lassen. Die Stimme des Verstandes (Wissenschaft) hat die Stimme des Herzens (unseres ureigensten Wesens) übertönt.

Nochmals: Wissenschaft *kann* von Nutzen sein. Es fragt sich nur, ob die heute der Wissenschaft eingeräumte Priorität nicht bedrohlich für die Existenz der Menschheit wird. Die Entwicklung von Forschung und Technik hat doch dazu geführt, daß die Beschaulichkeit weitgehend aus unserem Leben verdrängt worden ist. Selbst religiöses Erleben wird durch Fortschritte beeinträchtigt, die in der theologischen Forschung erzielt wurden. Gerade im Bereich der Religiosität führt rationales Denken, das auf Belege und Beweise baut, häufig zu Frustrationen. Vor einigen Jahrzehnten wurde von gelehrten Leuten sogar die »Gott-ist-tot-Theorie« aufs Tapet gebracht. Selbst die Geistlichkeit wird also nicht von den Auswirkungen der kulturellen Entwicklung verschont!

So erscheint es mir denn auch direkt schizophren, daß beispielsweise in der Christnacht Menschen in die Kirche kommen, deren ganzes Denken auf Kausalität ausgerichtet ist, daß diese Menschen dem Wort Gottes lauschen und mitsingen. Wie kommt es, fragt man sich da doch, daß Leute, die normalerweise nur gelten lassen, was wissenschaftlich beweisbar ist, die Geburt Christi feiern, die doch sicherlich das »wissenschaftlich Unbeweisbarste« ist, was man sich nur vorstellen kann. Und dann überlegt man sich, ob das rationale Denken im Menschen tatsächlich so tief wurzelt, wie es den Anschein hat. Ist die Natur doch stärker als die Kultur? Kann der Mensch sein wahres Wesen trotz hochgezüchteten Verstandesdenkens wirklich verleugnen?

Nach dieser besinnlichen Einleitung werden Sie zugeben müssen, daß der Mensch mehr ist als ein Geschöpf von der Vernunft und der Beweiskraft Gnaden. Der überwiegend von den Errungenschaften der Zivilisation abhängige Zeitgenosse ist äußerst verletzlich, da er zahlreiche »menschliche Erfahrungen« nicht zu akzeptieren – d.h. nicht zu glauben – vermag, weil sie sich nicht mit seinem kausal-rational fundierten Menschenbild vereinbaren lassen. Wir sind heute an einem Punkt der Menschheitsentwicklung angelangt, wo wir uns wieder der Prozesse und Rhythmen bewußt werden und nach ihnen leben müssen, die die eigentliche Grundlage unseres Seins sind. Dazu gehört auch, daß wir die Bedeutung des kausalen, wissenschaftlichen Denkens neu bewerten und den (noch) nicht beweisbaren Naturgesetzmäßigkeiten, die sich bisher ausschließlich als Erscheinungen (Erfahrungen) äußern, ihren festen Platz in unserem Denken einräumen sollten. Es ist an der Zeit, die (kulturelle) Isolation zu durchbrechen und die entsprechenden (scheinbaren) Gewißheiten und Sicherheiten zu relativieren. Unser von der Wiege bis zur Bahre sozial so perfekt abgesichertes Leben, das uns weitgehend irgendwelcher materieller Sorgen enthebt, ist im Grunde so unnatürlich, wie man es sich unnatürlicher gar nicht vorstellen kann. Ist es angesichts dieser Tatbestände überhaupt so erstaunlich, daß gegenwärtig eine Krankheit als etwas Lästiges und Unsoziales angesehen wird? Die Erkrankung eines Menschen will nicht recht in das Bild von den wissenschaftlichen Sicherheiten passen. Und dementsprechend verfährt man auch beim Auftreten einer Krankheit: Man beschränkt sich weitgehend auf die Bekämpfung der leidigen Symptome. Die medizinische Wissenschaft hält sich nicht lange bei dem Gedanken auf, daß eine Erkrankung von größerer Bedeutung ist und tiefer wurzelt als sich an den so unangenehmen körperlichen Anzeichen ablesen läßt. Öffnen wir uns jedoch denjenigen Aspekten unseres menschlichen Seins, die auf das innigste mit der kosmischen (und natürlichen) Ordnung aller Dinge verknüpft sind, so werden wir zu der Erkenntnis gelangen, daß Krankheit nicht auf sich selbst beruht, sondern im Rahmen eines größeren Komplexes zu sehen ist.

Wir wollen uns nun ausführlicher mit einem Aspekt des menschlichen Seins befassen, der uns wahrscheinlich Einblicke in die Bedeutung des tieferen Sinnes einer körperlichen Disharmonie (Erkrankung) gestattet, nämlich mit der *Reinkarnation*.

Reinkarnation

Jesus antwortete und sprach zu ihm: Wahrlich, wahrlich, ich sage dir: Es sei denn, daß jemand von neuem geboren werde, kann er das Reich Gottes nicht sehen. *(Johannes 3,3)*

Über Reinkarnation ist schon viel gesagt und geschrieben worden. Dennoch wollen wir uns ein wenig damit befassen, weil ein Einblick in diese Materie zu einem besseren Verständnis unseres Themas, der Krankheit, führt. Die Kirche verwarf im Jahre 553 den Reinkarnationsgedanken. Damals erklärte Papst Vigilius anläßlich des II. Konzils von Konstantinopel den Begriff »Reinkarnation« für ketzerisch. Dies ist bis auf den heutigen Tag nicht nur für Katholiken, sondern auch für Protestanten gültig. Vertiefen wir uns jedoch einmal in biblische Texte, so werden wir feststellen, daß der Gedanke an eine Wiedergeburt häufig auftaucht und keineswegs verurteilt wird. Auch in sonstigen alten Kulturen spielt die Reinkarnation eine große Rolle. Heute ist der Begriff Reinkarnation vor allem im rational und kausal getönten Denken des »christlichen Westens« stark in den Hintergrund gedrängt worden. Es ist also der kulturhistorischen Entwicklung während der letzten Jahrhunderte zuzuschreiben, daß der Mensch im »christlichen Westen« mit dem Ausdruck »Reinkarnation« im allgemeinen nicht mehr viel anzufangen weiß. In jüngster Zeit scheint jedoch das zunehmende Interesse für die älteren – und hier vor allem für die östlichen – Kulturen in dieser Hinsicht eine Wende zu bringen.

Der Mensch des Westens kann sich (seinem Wesen inhärent) nur schwerlich etwas *Konkretes* unter der Wiedergeburt vorstellen. Ein Toter ist tot, heißt es da; wer gestorben ist, kommt entweder in den Himmel oder – so er im Leben sein Seelenheil verwirkt hat – in die Hölle.

Zusammenfassend läßt sich feststellen, daß es nur wenige Zeitgenossen gibt, die sich nicht auf diese oder jene Weise mit dem befaßt haben, was man schlechthin »Leben nach dem Tode« nennt. Ich meine, der Begriff »Reinkarnation« läßt sich von zwei Gesichtspunkten aus betrachten:

a) Bei der Reinkarnation handelt es sich tatsächlich um ein neues Geborenwerden. Mit anderen Worten: Der Geist verläßt den Körper zum Zeitpunkt des Todes, um nach einer gewissen Zeit in einen neugeborenen Körper einzugehen. Diese Auffassung finden wir vor allem in den Kulturen des Ostens. Der Geist behält die im vorherigen Leben gemachten Erfahrungen und setzt seinen »Lebensweg« im neuen Leben (d.h. in einem anderen Körper) fort. »Gut« und »böse« sind dabei übertragbar. Demnach kommt Gutes aus einem früheren Erdendasein (als Erfahrung) einem späteren Erdendasein zugute, während Böses aus einem früheren Erdendasein wie ein Auftrag in ein späteres Erdendasein übernommen wird. Es kann dann durch entsprechendes Verhalten des Betroffenen getilgt werden: d.h. er bekommt Gelegenheit, aus schlechten Erfahrungen (eines anderen) eine Lehre zu ziehen und sich zu bessern. Wahrscheinlich sind die Begriffe »Karma« und das, was im Christentum als »Erbsünde« bezeichnet wird, enger miteinander verwandt, als man auf den ersten Blick meint.

Denn nicht nur die Religionsrichtungen des Ostens gehen davon aus, daß der Mensch mit einer gewissen Vorbelastung auf die Welt kommt, auch im Christentum kennt man diesen Gedanken. Eine meines Erachtens verfehlte Begleiterscheinung des Reinkarnationsgedankens ist die Tatsache, daß von einer Wiedergeburt überzeugte Menschen gelegentlich einem *Identifikationszwang* (wie ich es einmal nennen möchte) unterliegen.

Eine Identifizierung mit demjenigen, der ein heute Lebender früher einmal gewesen zu sein meint, nimmt sein Denken und Handeln derart in Beschlag, daß man kaum noch von einem freien Leben sprechen kann.

Es kommt auch vor, daß die Identifizierung mit einer verstorbenen Person in den Bereich des Spekulativen oder des Sensationellen gerät. (Der Betroffene erklärt dann z.B.: »In meinem früheren Leben war ich der berühmte Dichter sowieso.«) Ich frage mich dabei, ob das schon fast krankhafte Rückwärtsblicken einen solchen Menschen nicht zur lebenden Salzsäule werden läßt – Lot-Schicksal unserer Zeit.

b) Man kann Reinkarnation auch so auffassen, daß der Mensch in dem weiterlebt, was er seinen Nachfahren mitgibt. Dabei spielt die physische Wiedergeburt eine untergeordnete Rolle. Es geht dabei nämlich nicht um den Geist einer bestimmten Person, sondern um ihre *Geisteskraft*. Durch Geisteskraft vermag der Mensch etwas von seinem ureigensten Wesen zu äußern. Ich denke in diesem Zusammenhang z.B. an einen Schriftsteller, Musiker, Bildhauer, Maler oder auch nur an einen unauffälligen Menschen voller Lebensweisheiten – wie seine Freunde bekunden können. Um ein Beispiel anzuführen: Ich stelle mir vor, daß die Geisteskraft meiner Urgroßmutter in allen fortlebt, die sie gekannt und »erlebt« haben. Sie war eine Frau voller kluger und lebensbejahender Gedanken. Das, was sie hinterlassen hat, lebt so fort. Ihr Geist wird in denjenigen wiederbelebt, die sich von der hinterlassenen *Geisteskraft* angesprochen fühlen. Die Geisteskraft des einen Menschen wird in diesem Falle für andere zu einer Inspirationsquelle. Sie folgen dem Weg, der durch diese Quelle von Inspirationen freigelegt worden ist. Praktisch bedeutet diese Vorstellung, daß die Geisteskraft eines Menschen sich fortsetzt (neu belebt wird, reinkarniert) im physischen und geistigen Leben eines anderen. Es geht bei dieser Auffassung von der Reinkarnation also nicht darum, daß der Geist in eine neue stoffliche Form des Lebens eingeht, sondern um einen Prozeß, der schon während des Erdenlebens stattfinden kann. Der Mensch kann also bereits zu Lebzeiten durch »Begeisterung« für die Ausflüsse der Geisteskraft eines stofflich nicht mehr existenten anderen neu belebt werden.

Der Inkarnationsgedanke (ich verwende hier bewußt nicht das Wort *Re*inkarnation) enthält recht wertvolle Elemente, die u.a. für die Erziehung von Bedeutung sind. Die Geisteskraft eines Verstorbenen wird Vorbild für denjenigen Menschen, der sie in sich aufleben läßt. Es geht dabei nicht etwa um einen Nachvollzug – ganz im Gegenteil. Der Prozeß spielt sich in etwa so ab, wie wir dies von der Entwicklung des Kindes her kennen. In der ersten Phase erfolgt eine Nachahmung des anderen (der Inspirationsquelle). Verfügt die Inspirationsquelle (der Erzieher) über ausreichend Geisteskraft, so wird sie sich zu gegebener Zeit erübrigen. Jede geistige Inkarnation führt nämlich zu neuer Reife. Diesen Gedanken finden wir in der Eltern-Kind-Relation oder auch in der Lehrer-Schüler-Relation realisiert. Jede Erziehung zielt auf die Selbständigkeit des zu Erziehenden ab. In der Geschichte gibt es zahllose Beispiele dafür, daß zunächst ein Lernender vom geistigen Vorbild seines Lehrers inspiriert wurde. Nach einer Zeit der Wirksamkeit »im Stile« des Lehrers (bzw. der Person mit inkarnierender Geisteskraft) verwurzelt die »absorbierte Geisteskraft« und wird im Laufe der Zeit zu eigener Geisteskraft (Kreativität) ausgebaut.

Bei dieser Form der Reinkarnation spielt der Identifizierungsprozeß eine wesentlich kleinere Rolle als in der zuerst behandelten. Hier geht es ja nicht um ein »Leben«, das man neu beginnt – und das faßt man, wie ich meine, oft viel zu buchstäblich auf –, sondern um eine *Inspiration*, die neu belebt. Höchstwahrscheinlich setzt sich de facto die Reinkarnation aus Elementen beider Formen zusammen. Es gehört wohl eine gewisse Prädisposition dazu, um von der Geisteskraft eines Toten berührt zu werden. Oder anders ausgedrückt: Man muß von Geburt an auf der »gleichen Wellenlänge« liegen, um auf das Erbe eines Verstorbenen reagieren zu können.

Folgerungen

Der Mensch ist trotz der Vergänglichkeit seines Leibes (stoffliche Existenz) ebensowenig wie Mineral, Pflanze oder Tier ein Wegwerfartikel.

Es gibt Grund zu der Annahme, daß der Mensch nicht nur auf Erden ist, um die Zeit zwischen Geburt und Tod willkürlich auszufüllen.

Wenn wir der Ansicht sind, daß die Spanne des irdischen Lebens nur Teil eines weit größeren Zeitraumes ist, erhält unser Dasein einen tieferen Sinn. Dabei ist es nicht so wichtig, ob wir nun glauben, es gebe ein konkretes Fortbestehen des Menschen (absolute Reinkarnation), oder ob wir die Auffassung vertreten, daß in uns das geistige Erbe eines Verstorbenen inkarniere. In beiden Fällen liegt der Sinn unseres Lebens darin, Vergangenes (sei es ein früheres Leben, sei es ein uns inspirierendes geistiges Erbe) zum Ausbau unseres jetzigen Daseins zu nutzen, wodurch für unseren Geist eine Zukunft (Kraft) erwirkt wird.

Ich spreche hier bewußt vom »Bauen«, weil man dabei zweierlei Material verwenden kann – neues oder bereits gebrauchtes. Und hier nun geht es mir vor allem um die Nutzung bereits gebrauchten Materials; um so mehr als heutzutage die Wiederverwendung von Altmaterial nicht sehr beliebt ist, weil die Aufbereitungskosten meist größer sind als die Beschaffung von neuem, »sauberem« und wirtschaftlich angemessenem Baumaterial.

Daß eine solche Verhaltensweise allerdings zu einer gewissen geistigen Sterilität führt, wird jedem einleuchten, der das Vorausgegangene genauer durchdacht hat. Wenn ausschließlich mit neuem Material, in neuen Formen und im Hinblick auf einen funktionell und wirtschaftlich größtmöglichen Effekt gebaut wird, so führt dies zwangsläufig zu Charakterlosigkeit. Für eine Charakterbildung gilt, daß da, wo am meisten auf überlieferte Erfahrungen gehört wird und eine Auseinandersetzung mit diesem »gebrauchten Material« erfolgt (um bei unserem Vergleich zu bleiben), die Persönlichkeitsentfaltung zu größtmöglicher Reife führt. Es hat auch seinen Grund, daß beispielsweise Instrumentenbauer mit Vorliebe gebrauchtes, jahrhundertealtes Holz verwenden. Der Toncharakter eines aus solchem Holz gefertigten Instrumentes zeichnet sich durch besondere Klangfülle und Reinheit (Reife) aus und enthüllt die innewohnende »Geisteskraft«.

Weshalb hat es immer einen Hang zur Antike gegeben? Einmal sicher, weil viele Leute damit einem gewissen Trend folgen oder ihr Geld sinnvoll anlegen wollen. Sie machen aus einem Haus ein tödliche Langweile verkörperndes Museum. Ihr Lebensstandard wurzelt in persönlicher Geistlosigkeit und im Überdruß.

Eine andere Gruppe von Menschen jedoch hat das Bedürfnis, Dinge aus der Vergangenheit (»antike Stücke«) um sich zu haben, weil jedes von ihnen *seine Geschichte* (sprich Geisteskraft) ausstrahlt. Es ist faszinierend, daß diese Menschen ein so sicheres Gespür haben für die Kräfte der Vergangenheit, ohne sie dabei aber idealisieren zu wollen. Ja, Urgroßvaters Schrank »lebt« schon geraume Zeit und hat viel mitgemacht. Deshalb sagt man ja auch: »Wenn dieser Schrank (bzw. Stuhl, Sekretär o. dgl.) sprechen könnte, bekäme man so manches zu hören.« Das alte Möbel wird in diesem Falle nicht zur Zierde ins Haus gestellt, sondern es wird gebraucht – Altes wird in Neues integriert und übt wieder eine Funktion aus. Großmutters ehrwürdiger Linnenschrank hat sich nicht geändert, aber er dient heute anderen Zwecken als früher. Wir verwenden Althergebrachtes und versehen es mit unserer Kreativität. Die Beziehung zur Vergangenheit geht auch daraus hervor, daß vielfach Altes (»Antikes«) gesammelt wird, weil sich der Betreffende davon angezogen fühlt (und möglicherweise handelt es sich bei dieser Anziehungskraft sogar um eine Form des »Wiedererkennens«).

Abgesehen von dieser Nutzung vergangenheitsträchtiger Elemente wird auch die Rede sein von Dingen (Baumaterial), die ihren Anfang im *jetzigen* Leben haben. Sie müssen erst noch manch harte Probe bestehen und »reifen«, bis sie ihren eigenen Charakter bekommen haben. Sehen Sie nun, weshalb es so wichtig ist, daß man solide gearbeitete, *haltbare* Erzeugnisse kaufen sollte?

Wenn wir ausschließlich Wegwerfartikel benutzen, bringen wir unsere Nachfahren in Verlegenheit. Sie müssen dann nämlich auf ein aussagekräftiges Vorbild aus der Vergangenheit verzichten. Anders ausgedrückt: Wir versagen der neuen Generation ein Vorbild (Geisteskraft), das Anregungen zur Entwicklung einer eigenständigen geistigen und kreativen Existenz vermitteln könnte. Geist und Stoff hängen sehr eng zusammen. Nutzen wir »gebrauchtes Material«, so läßt sich nicht erwarten, daß dieses immer blitzblank und schön anzusehen ist. Man muß sogar mit Nägeln, Schrunden und scharfen Kanten rechnen.

Um bei unserem alten Schrank zu bleiben: Wenn wir diesem neues Leben einhauchen, sollten wir auf solche Mängel gefaßt sein, was darauf hinausläuft, daß wir den Schrank zunächst ein wenig »restaurieren« müssen, ehe wir ihn wieder in Gebrauch nehmen. Eine solche »Restauration« besteht darin, daß wir alte Fehler ausbessern. Um Fehler korrigieren zu können, ist es unbedingt erforderlich, daß wir uns eingehend mit dem *Wesen* des zu Verbessernden befassen. Will beispielsweise ein Orgelbauer ein altes Instrument überholen, so muß er sich zunächst ganz mit dem Wesen nicht nur der Orgel, sondern auch ihres Erbauers befassen, ehe er sich ans Werk machen kann.

Transponieren wir – um bei der Terminologie der Musik zu bleiben – dieses Bild in den Bereich des menschlichen Seins, so wird man erkennen, daß unsere »Vergangenheit« (aus dem Blickwinkel des Reinkarnationsgedankens gesehen) etwas aufgearbeitet werden muß, bevor wir uns ihrer bedienen können.

Vorhin wurde das Wort »Karma« erwähnt. Dieses Karma können wir als den Teil unseres »ererbten Lebensschrankes« auffassen, der der Restauration bedarf.

Dies läßt sich in drei Bereichen realisieren, in unserem *psychischen Sein*, in unserem *physischen Sein* und in unserem *sozialen Sein* (den Lebensumständen).

Wenn diese drei Bereiche auch unlöslich miteinander verknüpft sind, so kann man doch schwerpunktmäßige Unterschiede feststellen, d.h. daß »Mängel« beispielsweise im körperlichen Bereich stärker hervortreten, als dies im seelischen Bereich oder bei den Umständen der Fall ist.

Vom Sinn der Krankheit

Wenn wir uns das alles durch den Kopf gehen lassen, so werden wir schließlich in der Krankheit die Manifestation einer angeborenen (Vergangenheit, Reinkarnation) Disharmonie sehen, die einer Sanierung (Restaurierung) bedarf. Im Verlaufe dieses Buches werden wir erkennen, daß eine Krankheit nicht von ungefähr auftritt, daß vielmehr eine gewisse angeborene Prädisposition gegeben sein muß.

Wenn wir imstande sind, die nicht-kausale Bedeutung

einer Krankheit zu ergründen, werden wir auch ihren Wert ermessen können. Krankheit beruht ja nicht auf sich, sondern tritt nur in einem der drei Bereiche des Menschseins besonders hervor. Einer von uns erhält die Gelegenheit, an sich zu arbeiten, in körperlicher Hinsicht, ein anderer in bezug auf sein Innenleben oder auf sozialem Gebiet, wobei zu berücksichtigen ist, daß es häufig zu Überschneidungen und Verquickungen kommt. Eine Erkrankung läßt sich – um noch einmal auf den »ererbten Schrank« zurückzukommen – mit einer klemmenden Türe vergleichen. Wenn wir uns mit der Behebung des Schadens befassen, lernen wir den Mechanismus der Schranktüre kennen, wir gelangen zu einer Einsicht. Von dieser Einsicht nun hängt es ab, ob und wie die »Reparatur« gelingt. Je größer die Einsicht, desto besser das Resultat.

Ähnlich verhält es sich auch mit der Krankheit. Je besser und tiefer wir ihr auf den Grund gehen, desto größer sind die Heilungschancen. Je mehr wir zur Einsicht gelangen, um so intensiver werden wir geheilt – körperlich, geistig und/oder den Umständen nach.

Krankheit ist eine uns von der Natur auferlegte Belastung und die Aufforderung: »Mensch, es ist an der Zeit, die Mängel aus der Vergangenheit zu beheben! Tue etwas dafür, ehe es zu spät ist!« Krankheit dient der Erhaltung. Das mag merkwürdig klingen, denn meist denkt man bei Krankheit an Zerstörung. Wir müssen jedoch lernen, in der Krankheit eine Chance zur Gesundung zu sehen. Die Natur will uns – allen gesellschaftlichen Konzepten und Planungen zum Trotz – mit der Nase auf diesen Sachverhalt stoßen. Aus einer Krankheit kann man »wie neugeboren« hervorgehen, da sie einem die Möglichkeit bietet, zu sich selbst zu gelangen.

Eine Erkrankung kann auch denjenigen zugute kommen, die sich von der Vergangenheit mit dem Vorsatz inspirieren lassen, das Heute zu gestalten, auf daß die Geisteskraft in Zukunft voll wirksam werde. Das menschliche Dasein bewegt sich ja zwischen zwei Polen – der Vergangenheit und der Zukunft. Dies muß der heute lebende Mensch berücksichtigen. Sein Leben ist eine Periode der Prüfungen, der Bewährung. Der Mensch muß aus den Disharmonien der Vergangenheit (eines früheren Lebens) lernen, den Weg in die Zukunft (in eine künftige Seinsphase) zu ebnen.

In diesem Lichte ist eine körperliche Unpäßlichkeit, die wir Erkrankung nennen, zwar recht lästig, aber sehr gesund, da sie uns Gelegenheit gibt, unsere (karmischen) Disharmonien zu harmonisieren.

Zutreffenderweise wird in der Symbolik der biblischen Schöpfungsgeschichte vom Menschen als dem Ebenbilde Gottes gesprochen, der eine Frucht vom Baume der Erkenntnis ißt und seitdem »gut« und »böse« unterscheiden kann. Von der anderen Möglichkeit, eine Frucht vom Baume des Lebens zu essen, ist nicht die Rede. Darauf werde ich in einem der nächsten Kapitel noch ausführlicher eingehen.

Der Mensch kann, wenn er will, zwischen »gut« und »böse« unterscheiden, denn er hat vom Baum der Erkenntnis gegessen; das heißt, der Mensch hat zwischen Gegenteiligem die Wahl zu treffen. Es besagt aber auch, daß der Mensch Gutes und Böses in sich birgt. Das Wunder des Dualismus und der Kräfte, die uns Menschen zur Verfügung stehen, geht aus der Geschichte vom ungestümen Erzvater Jakob hervor, der ein recht bewegtes Leben geführt hat. Er luchste seinem Bruder Esau das Erstgeborenenrecht ab, war geschickt und meisterte die verschiedensten Situationen. Er könnte im Zeichen der Zwillinge geboren sein. Nachdem er dann die Tochter des Laban geheiratet hatte und in das Land seiner Väter zurückkehrte, war eine Begegnung mit seinem Bruder Esau (Zusammentreffen mit der Vergangenheit) unvermeidlich. Er brachte seine Frauen und seine Kinder über den Fluß Jabbok und blieb allein zurück. Da erschien ihm ein Mann, der mit ihm bis zum Morgen rang. In der Bibel heißt es wörtlich:

Und da er sah, daß er ihn nicht übermochte, rührte er das Gelenk seiner Hüfte an; und das Gelenk der Hüfte Jakobs ward über dem Ringen mit ihm verrenkt. Und er sprach: Laß mich gehen, denn die Morgenröte bricht an. Aber er antwortete: Ich lasse dich nicht, du segnest mich denn. Er sprach: Wie heißest du? Er antwortete: Jakob. Er sprach: Du sollst nicht mehr Jakob heißen, sondern Israel; denn du hast mit Gott und mit Menschen gekämpft und bist obgelegen. Und Jakob fragte ihn und sprach: Sage doch, wie heißest du? Er aber sprach: Warum fragest du, wie ich heiße? Und er segnete ihn daselbst. Und Jakob hieß die Stätte Pniel; denn ich habe Gott von Angesicht gesehen, und meine Seele ist genesen. Und als er an Pniel vorüberkam, ging ihm die Sonne auf; und er hinkte an seiner Hüfte (Genesis 32, 26-32).

O Wunder kosmischer (göttlicher) Weisheit! Der Kern dieser Erzählung bildet den Ausgangspunkt für die Behandlung unseres Themas: Krank sein – lästig (die Gehbehinderung war für Jakob sicher lästig), aber doch gesund (Jakob erhielt die Gelegenheit, sich selbst zu überwinden). Letzteres geht beispielsweise auch aus der Tatsache hervor, daß er einen anderen Namen erhielt. Bedauerlicherweise messen wir dem Namen, den wir unseren Kindern geben, heute meist keine tiefere Bedeutung mehr bei. Wie weise hingegen handeln diejenigen, die ihre Kinder mit einem Namen in die Welt entlassen, der zugleich Auftrag ist.

In einem der nächsten Kapitel komme ich noch auf das Wunder kosmischer Gesetzmäßigkeiten zurück, wie sie aus der Jakob-Erzählung sichtbar werden. Warum traf es seine Hüfte und keine andere Stelle des Körpers? Weil die Hüfte den Fortschritt symbolisiert.

Der Kampf um den Fortschritt war das Karma, das Jakob zu bewältigen hatte. Seine Erkrankung wurde für ihn lebenserhaltend und lebensbereichernd.

Jeder Mensch bekommt die Aufgabe, sein persönliches »Pniel« zu entdecken, d.h. zu ermitteln, wie und in welchem Bereich das Ringen mit Gott (mit den kosmischen Gesetzen) auszutragen ist.

Möge uns die Freude an der Einsicht zur Gesundung verhelfen – es bleibt ja nicht bei der Einsicht allein.

Wir müssen auch tätig werden. Denken wir nur an das Beispiel vom ererbten Schrank. Seine Restaurierung zielt auf Wiederverwendung ab – entsprechend unseren Vorstellungen und unserem Dafürhalten.

Sehen Sie in einer Krankheit also nicht eine beunruhigende und ärgerliche, sondern eine kosmische Fügung, die den Menschen zu sich selbst kommen läßt, ganz gleich, wie schlimm die Krankheit auch sein möge.

Die Heilung liegt in uns – wenn nicht in diesem, so in einem künftigen Leben.

2
Körperliche und geistige Komplikationen im Gefüge eines größeren kosmischen Schemas

Dein Leiden ist dein Prophet. (Ausspruch eines Weisen)

Soweit uns bekannt ist, hat sich der Mensch bereits im vierten Jahrtausend vor Christus damit befaßt, Beziehungen und Verbindungen zwischen den einzelnen Naturerscheinungen aufzuspüren. Schon die Sumerer stellten Zusammenhänge zwischen dem Stand der Himmelkörper (Sterne) und den Geschehnissen auf Erden fest. Man sollte sich dies nicht zu kompliziert vorstellen. Wahrscheinlich waren solche Beobachtungen noch nicht so tiefsinnig-philosophisch untermauert wie nachmals, sondern mehr praxisorientiert. Der Rhythmus des täglichen Lebens war für jene Menschen noch nicht von einem Kalender oder der Uhr abhängig, wie es in späteren Zeiten der Fall war. Man richtete sich einfach nach dem Stand der Sonne oder des Mondes. Die Zeit der Saat, der Ernte, der Geburt oder der Festtage stand für diese Menschen buchstäblich noch »in den Sternen«. Man kannte das Gleichmaß ihres Wanderns über den Himmel. Damals war das Wort aus der Schöpfungsgeschichte – wie es im Buche Genesis geschrieben steht – noch Wirklichkeit:

Und Gott sprach: Es werden Lichter an der Feste des Himmels, die da scheiden Tag und Nacht und geben Zeichen, Zeiten, Tage und Jahre (Genesis 1,14).

Wer sich mit den »Weisungen der Himmelslichter« auskennt, kann natürlich auch heute noch den ältesten Kalender der Welt benutzen.

Gelegentlich richtet sich wohl auch heute noch einmal jemand nach dem Sternenkalender. Der Mann auf dem Lande weiß z.B. recht gut, daß die Wehen der kalbenden Kuh bei Vollmond stärker sind, und daß sich infolgedessen der Geburtsvorgang schneller abspielt als um Neumond herum. Das sind Erfahrungen, die durch Generationen vom Vater an den Sohn weitergegeben werden. Auch bei der Aussaat spielen die Mondphasen in vielen Gegenden noch eine große Rolle. In der Praxis hat sich gezeigt, daß solche (für die Forschung bedauerlicherweise noch irrelevanten) Bauernregeln durchaus »fruchtbringend« sind. Auf diesem Gebiet wurde gute Pionierarbeit von Maria Thun geleistet, die alljährlich einen »Saatkalender« ausgibt.

Die praxisbezogene Beschäftigung mit dem Sternenhimmel führte die Babylonier (wenn nicht gar schon die Sumerer – von ihnen ist darüber nur wenig bekannt) zu einer Erkenntnis, die für jedwedes Leben auf Erden allüberspannendes Gesetz ist:

Wie oben, so unten.

Man entdeckte, daß bestimmte Erscheinungen am Himmel mit bestimmten Tendenzen auf der Erde übereinkamen. Weiterhin stellte man fest, daß der Sternenhimmel nicht nur als Kalender dienen konnte, sondern

Die Zusammenhänge zwischen Makro- und Mikrokosmos gehörten in der Antike und im Mittelalter zur unmittelbaren philosophischen Grundvorstellung. Einzelne Körperorgane bzw. -partien und Tierkreiszeichen bewiesen gleichsam durch Entsprechung und Übereinstimmung (Analogie) ihre Wesensverwandtschaft.

daß sich aus dem Stand der Sterne auch gewisse Aussagen über Anlagen und Charakter eines Neugeborenen machen ließen. Dies führte freilich bald zu recht fragwürdigen Praktiken – ich meine die »Wahrsagerei«. Nicht ohne Grund hat der Prophet Jesaja vor den unseriösen Machenschaften der Sterndeuter gewarnt. Es versteht sich von selbst, daß gerade die Juden, damals in der Verbannung lebend, gerne einen Blick in die Zukunft taten. Jeder

Mensch in einer mißlichen Situation neigt wohl dazu, die sich ihm bietenden Möglichkeiten zu nutzen, etwas über seine Zukunft zu erfahren. Ein zukunftorientiertes Leben ist ratsam. Werden wir jedoch schonungslos mit dem konfrontiert, was uns bevorsteht, so muß man mit der Möglichkeit rechnen, daß sich dieses Wissen schädlich auf das gegenwärtige Leben auswirkt.

Die Babylonier waren ein auf Handel und Gewerbe bedachtes Volk. Sie verstanden es gut, den in der Verbannung lebenden Juden Geld und Gut abzuknöpfen. Gegen Bezahlung sagten sie ihnen die Zukunft voraus. Wahrscheinlich wurden seinerzeit die Grundlagen für die zwielichtigen und unseriösen astrologischen Praktiken geschaffen.

Wie alles auf der Welt seine guten (harmonischen) und seine schlechten (disharmonischen) Seiten hat, so auch die Anwendung kosmischer Gesetzmäßigkeiten. Wenn auch das Wort *Astrologie* heute etwas anrüchig ist, müssen wir doch auf das zu sprechen kommen, was es beinhaltet.

Es waren die alten Griechen, die Gestirnskunde auf unnachahmliche Weise in ihren Göttersagen zum Ausdruck zu bringen vermochten. Die mythologischen Erzählungen sind im Grunde nichts anderes als die beispielhafte Darstellung der verschiedensten Lebensstrukturen. Jedwedes Leben auf Erden ist fest an bestimmte Gesetze gebunden. Zwischen irdischen und kosmischen Gesetzmäßigkeiten besteht ein enger Zusammenhang. Dieser wird in den griechischen Mythen sichtbar. Die alten Sagen stellen Lebens- und Verhaltens-Muster dar, die an die Gleichnisse des neuen Testamentes erinnern. In einer Mythenerzählung kann man gewissermaßen das kleinste gemeinsame Vielfache einer Situation sehen, in der Göttliches und Menschliches einander eben noch berühren – einer Situation eigentlich, in der das Oben einerseits und das Unten andererseits zum Ausdruck kommen. Die alten griechischen Sagen erfüllen also gleichsam eine Brückenfunktion. Die Himmelskörper werden dadurch – für den Menschen erkennbar – personifiziert.

Auf diesem Gebiet hat die griechische Kultur also einen großen Beitrag zur Veranschaulichung kosmischer Gesetzmäßigkeiten geliefert. Bis zum Aufkommen der Naturwissenschaften im siebzehnten Jahrhundert war der Einblick in kosmische Gesetzmäßigkeiten und ihre praktische Anwendung bei Forschung und Lehre eine Selbstverständlichkeit. Man erklärte sich bis dahin die Dinge auf Erden nicht ausschließlich kausal, sondern bediente sich überwiegend einer auf Analogien basierenden Denkweise. Mit der Entwicklung der Naturwissenschaften begann die Überbewertung des menschlichen Verstandes. Diese Tendenz nahm in ungeahntem Maße zu. Heute zeigen sich die »Resultate«. Wenn man auch derzeit *»Hexenwaagen«* nur noch im Museum besichtigen kann, so hält man doch am Brauch des Hexenwägens fest. Das, was man seinerzeit als Hexen bezeichnete, waren vermutlich sehr weise Frauen, die einen Einblick in die oben geschilderten Urgesetzmäßigkeiten hatten. Was man sich heute über die mittelalterlichen Hexen erzählt, ist nur das, was seinerzeit von der Kirche (als Institution) über sie in die Welt gesetzt wurde. Ein Leben nach den Naturgesetzen war für die Kirche der damaligen Zeit sehr beunruhigend, denn ihr ging es weit mehr um die Vergrößerung ihrer (weltlichen) Macht als um die Verbreitung des *wirklichen* Glaubens.

Heute hat die Kirche ihr Machtstreben und ihre Herrschsucht größtenteils abgelegt. Es gibt auch keine

Hexen mehr – wenigstens wird diese Bezeichnung nicht mehr verwendet. Dennoch hat sich im Grunde wenig geändert. Nur sind es heute die Ideologien einflußreicher Länder, die Macht der Großindustrie und die Macht der Wissenschaft, die unverkennbar die »Hexen« unserer Zeit auszurotten versuchen. Wenn einer sagt, die Verwendung einer bestimmten Pflanze sei für den Menschen besser und ihm auch zuträglicher als die Verabreichung von Chemopharmaka, so ist er gewissermaßen eine »moderne Hexe«. Wenn einer öffentlich für seine Überzeugung eintritt und beispielsweise behauptet, daß Sauerkraut besser gerät, wenn die Kohlköpfe kurz vor Vollmond geerntet werden, oder daß sich Zwiebeln länger halten, wenn sie in einer Zeit gepflanzt werden, da der Mond in einem Feuerzeichen (Widder, Löwe, Schütze) steht, wird er von der allmächtigen modernen Wissenschaft gleichsam zur Hexe abgestempelt. Heute verbrennt man solche Hexen nicht mehr. Die derzeitigen Machthaber wenden andere Methoden an, um die Hexen von heute auszurotten. Sie überschütten die Masse Mensch mit Überfluß, mit rauhen Mengen materieller Güter, die das Volk verdummen, d.h. geistig abstumpfen: Fernseher, Luxusreisen, Hausbars, elektrische Haushalts- und Küchengeräte und *last not least* eine Ernährung, die eine geradezu verheerende Auswirkung auf das Ich des Menschen hat: Zucker, Alkohol, allerlei Delikatessen, Aroma-, Konservierungs- und Farbstoffe.

Auch das umstrittene Halogen *Fluor* gehört zu den Stoffen, die die heutigen Machthaber dazu benutzen, der breiten Masse Sand in die Augen zu streuen. Man führt schlagkräftige Argumente an, um die Fluorisierung des Trinkwassers zu rechtfertigen, schweigt aber wohlweislich über den katastrophalen Einfluß des Fluors auf den menschlichen Körper. Über dieses leidige Problem gibt es übrigens einige gute Veröffentlichungen.

Solange die Mächtigen unserer Zeit »ihr Volk« (die leichtgläubige breite Masse) mit solchen unlauteren Methoden beherrschen, brauchen sie sich vor denen, die eine naturgemäße Lebensweise propagieren, nicht zu fürchten. Sie werden ihnen sogar bereitwillig ein Stück entgegenkommen und ihre Produkte mit dem Zusatz »frei von Konservierungsmitteln« versehen, ihnen dann aber z.B. solche Aromastoffe zusetzen, die gleichfalls konservierend wirken – um nur eine Möglichkeit aufzuzeigen.

Wenn es stimmt, daß »l'histoire se répète« (Geschichte sich wiederholt), dann tut sie es heute. Wir leben nämlich in einer Zeit des raffiniertesten (mittelalterlichen) Feudalismus. Dennoch haben die Urwahrheiten alle Zeiten überdauert, obwohl ihr Fortbestehen oft an einem seidenen Faden gehangen hat.

Ein Lichtblick kam für die Forschung, als sich der Psychologe C.G. Jung (Schüler und Mitarbeiter von S. Freud) mit den kosmischen Gesetzmäßigkeiten zu befassen anfing. Er kam im Verlaufe seiner Untersuchungen zu der Feststellung, daß zwischen der Situation der Gestirne und den Vorkommnissen auf Erden eine gewisse *Synchronität* (wie er es nennt) besteht.

Fassen wir die Himmelskörper und ihre Gesetzmäßigkeiten in dem Begriff *Makrokosmos* zusammen und die Vorgänge auf Erden in dem Begriff *Mikrokosmos*, so können wir feststellen, daß es zwischen Makro- und Mikrokosmos einen Zusammenhang gibt – etwa einem Tonfilm vergleichbar, bei dem Bild und Ton so koordiniert werden müssen, daß Bewegung und Sprache übereinstimmen (synchron sind).

Die Wissenschaft hat diesen Untersuchungen Jungs leider wenig Beachtung geschenkt.

In der Astrologie gibt es, wie dies jahrhundertelang der Fall war, zwei Gruppierungen – und zwar diejenigen, die einen Einblick in die kosmischen Gesetzmäßigkeiten zu gewinnen versuchen, und diejenigen, die sich mit Zukunftsprognosen befassen (ein recht lukrativer Job übrigens). Auf letztere gehe ich in diesem Buch nicht weiter ein. Die erstgenannte, wahrscheinlich ziemlich kleine Gruppe von Astrologen gerät durch die »Berufsastrologen« (wie ich die Zukunftsdeuter einmal nennen möchte) ziemlich ins Zwielicht.

In Deutschland haben die ernstzunehmenden Astrologen daher für »Astrologie« den Begriff »Kosmobiologie« geprägt. Dadurch bringen sie besser zum Ausdruck, daß ihre Arbeit auf die Zusammenhänge zwischen kosmischen Gesetzmäßigkeiten (Makrokosmos) einerseits und den Prozessen auf der Erde (Mikrokosmos) abzielt.

Nach dieser historisch getönten Einleitung will ich dazu übergehen, das bisher Gesagte mit unserer körperlichen und geistigen Verfassung in Zusammenhang zu bringen.

Der lebende Mensch läßt sich bis zu einem gewissen Grade mit einem Computer vergleichen. Dieser vermag Millionen von Informationen zu speichern, ohne daß sie genutzt werden. Werden jedoch im Rahmen einer Aktion ganz bestimmte Daten benötigt, so stellt sie der Computer sofort zur Verfügung. Dem Menschen wird bei seiner Geburt das gesamte Rüstzeug fürs Leben mitgegeben, obwohl manches davon später ungenutzt bleibt und infolgedessen nicht zutage tritt. Wir bezeichnen dieses »Grundlagenmaterial« als »Anlage« oder auch als »Charakter«. Erziehung, Milieu und sonstige Umstände spielen dann bei der Entwicklung und Ausprägung der vorhandenen Elemente eine große Rolle.

Wie aus dem ersten Kapitel ersichtlich, ist außer der Erbanlage (die im stofflichen Sein des Menschen zum Ausdruck kommt) auch das geistige Fortbestehen des Menschen sehr wichtig. Bei der Geburt fängt der Mensch ja keineswegs mit »nichts« an, sondern ihm bietet sich die Gelegenheit, bestimmte Fäden aufzugreifen und an ihnen anzuknüpfen. Das »Startgepäck« (wie ich es einmal nennen möchte) ist mikrokosmischer Natur und entspricht der Situation »hier unten«, also auf Erden. Aufgrund der Synchronität (C.G. Jung) und des Mythengehalts (wie zu Beginn dieses Kapitels angesprochen) ist die Annahme berechtigt, daß die Situation »dort oben«, also der Stand der Sterne, in einem gewissen Zusammenhang steht mit dem »Startgepäck« des Neugeborenen. Um Einblick in die Beziehungen zwischen Makro- und Mikrokosmos gewinnen zu können, müssen wir uns einer Denkweise bedienen, die schon zur Sprache gekommen ist – *das Denken in Analogien*. Grundlage einer Übereinstimmung bildet dabei nicht die äußere Form, sondern der Inhalt, das Wesen der Dinge. Ein Beispiel: Eine Tasse und eine Flasche sind verschiedene (Erscheinungs-)Formen gleichen Wesens, sie entsprechen einander also, sind analog. *Wesent*lich an Tasse und Flasche ist, daß sie beide zur Flüssigkeitsaufnahme geeignet, d.h. Gefäße sind.

Das Denken in Analogien beschränkt sich jedoch nicht auf materielle Dinge, sondern kann ebensogut in abstrakten Kategorien geschehen. Auch dafür ein Beispiel: Wenn wir in der Bibel lesen: »Wer das Reich Gottes nicht aufnimmt wie ein Kind, wird in dasselbe nicht eingehen.« (Math. 10,15), dann tun wir uns bei der Interpretation des Textes mit kausalem, rationalem Denken recht schwer.

Das Kausalitätsprinzip wirft hier große Probleme auf. *Buchstäblich* besagt der Text ja, daß wir die (Erscheinungs-)Form, die Gestalt eines Kindes annehmen müßten, um in den Himmel eingehen zu können. Einen Ausweg bietet die analoge Denkweise: Wer nicht so gesinnt ist wie ein Kind, d.h. die *Wesenszüge* eines Kindes aufweist, also eine kindliche Art hat, unbefangen und spontan zu reagieren, die kindliche Art, Emotionen zu äußern, eine kindliche Handlungsweise ohne Hintergedanken, die kindliche Ehrlichkeit (insbesondere erkennbar, wenn keine Strafe droht), das arglose Spiel, in dem das Kind seine Gefühle zum Ausdruck bringt – ja, solche kindlichen Wesenszüge müssen wir auch als Erwachsene wachhalten, um den »Himmel« (der auf die Erde herabzusinken vermag) zu erleben. Die Kraft des Denkens in Analogien wurzelt darin, daß ein bestimmtes »Urbild« (in unserem Falle das Kind) beispielhaft für zahlreiche analoge (Erscheinungs-)Formen ist, die einander wesensverwandt sind. Wir haben vorhin vom kleinsten gemeinsamen Vielfachen gesprochen. In diesem Zusammenhang läßt sich sagen, daß viele Phänomene, die nach außen hin nichts miteinander zu tun haben, de facto auf eins der zahlreichen »Urbilder« zurückzuführen sind. Um diese Denkweise praktizieren zu können, müssen wir uns wieder auf das eigentliche Wesen der uns umgebenden Dinge besinnen.

Dazu brauchen wir eine gute Beobachtungsgabe und Kenntnis der »Urbilder« (Struktur der makrokosmischen Gesetzmäßigkeiten). Eine gute Beobachtungsgabe können wir entwickeln, wenn wir nur bereit sind, uns wieder zu *wundern*. Das Erstaunen ist Grundlage jeder Entdekkung (Beobachtung). Einen Einblick in die kosmischen Gesetzmäßigkeiten (Kenntnis der Urbilder) vermag man sich dadurch zu verschaffen, daß man sich den Weisheiten der Vergangenheit öffnet und die Gegenwart scharf beobachtet. Jede Kulturepoche hat ihre eigenen Methoden, eine makrokosmische Realität in einer für Menschen verständlichen Weise darzustellen. Für uns, die wir im Westen leben, sind am zugänglichsten die Urbilder der griechischen Mythologie. Hier finden wir die makrokosmischen Elemente (Sonne, Mond, Merkur, Venus, Mars, Jupiter, Saturn, Uranus, Neptun, Pluto usw.) in den Sagengestalten verkörpert, d.h. in eine für den Menschen erkennbare Lebensform gebracht. In den griechischen Sagen zeigt sich stets das *Wesen* der Götter (sprich der makrokosmischen Urbilder). In diesen Erzählungen ist selbst jede Kleinigkeit von größter Bedeutung. Es handelt sich dabei gewissermaßen um Fragmente »konzentrierter Spiegelbilder« der kosmischen Gesetzmäßigkeiten.

Zur Verdeutlichung dieser zunächst sicherlich nicht ganz einfachen Materie will ich hier ein Beispiel anführen, dem das kosmische Urbild *Mars* (verkörpert durch den gleichnamigen Planeten) zugrunde liegt.

1. Wie wird der Mars (als Schema) in der griechischen Mythologie dargestellt?

Mars, den die Griechen »Ares« nannten, wird in der griechischen Mythologie als Gott des Krieges und des Kriegsgetümmels geschildert. Kriege zu führen war des Ares höchste Lust. Doch wechselte er auch gerne einmal zum gegnerischen Lager über. Damit wird zum Ausdruck gebracht, daß nichts sich leichter ändert als das Kriegsglück (darauf komme ich später noch zurück). Mars befaßte sich dauernd mit neuen Planungen, ergriff ständig andere Initiativen. Hatte er eine Stellung erobert, wendete er sich unverzüglich weiteren Aufgaben zu. Im Niederländischen gibt es ein Sprichwort, das sich frei so übersetzen ließe: »Was einer hat, freut ihn nicht mehr.« Es wird hier zitiert, weil es so typisch für die marsische Verhaltensweise ist, die auch immer wieder in den Sagen anklingt. Der Monat März war dem Gotte Mars gewidmet. Ursprünglich war der März der erste Monat des Jahres (Beginn, Neues, Initiative).

Die Sonne (eine andere kosmische Kraft) durchläuft um diese Zeit das Tierkreiszeichen Widder. Seit jeher sahen die Astrologen im Mars den Regenten (Personifizierung) des Tierkreiszeichens Widder, was besagt, daß marsische Charakterzüge den Widder-Typ prägen.

2. Wie äußert sich das (kosmische) Marsschema in unserem täglichen Leben?

Um diese Frage beantworten zu können, müssen wir uns der analogen Denkweise bedienen. Alle mit der oben beschriebenen mythologischen Gestalt wesensverwandten Äußerungsformen sind Faktoren des gleichen Prinzips.

Wir müssen nun zwischen drei Hauptebenen unterscheiden, auf denen sich das menschliche Sein manifestiert. Es handelt sich dabei um den *physischen* oder *stofflichen* Bereich (Körper), den *psychischen* oder *geistigen* Bereich (Seele) und um den *gesellschaftlichen* oder *sozialen* Bereich (Umstände) des menschlichen Seins.

Marsisches im Körper

Im Körper äußert sich das Mars-Schema in den roten Blutkörperchen, die ja unsere Energieträger sind (weil sie der Muskulatur, dem Binde- und Drüsengewebe Sauerstoff zuführen). Das entspricht ganz dem mythologischen

Mars, denn Kampf ist gleichfalls ein Umsetzungsprozeß – allerdings im umgekehrten Sinne. Weiterhin können wir in allen Entzündungen marsische Symptome sehen, denn hierbei spielen sich im Körper manchmal kleinere, oft freilich auch lebensgefährliche Kämpfe ab. Auf das Mars-Prinzip werde ich später noch ausführlicher eingehen.

Marsisches in der Psyche
Hier kommt der Mars in der *geistigen Energie* zum Ausdruck. Es geht dabei um das Denken im Tun und Handeln. Unser *Wille*, etwas zu *tun*, ist ein Charakterzug marsischer Prägung. In der Mythologie wird der Mars stets als willensstarke Persönlichkeit dargestellt. Und nur dank unseres Willens vermögen wir ja Taten (Energie, Kraft) auszuführen.

Marsisches in den (Lebens-)Umständen
Dabei geht es um Situationen, in denen man mit martialischen Gegenständen oder Personen konfrontiert wird – sei es nun, daß einer mit schwerem, scharfem, gewissermaßen »gewalttätigem« Werkzeug oder entsprechenden Maschinen arbeitet, sei es, daß er in Konflikte, Auseinandersetzungen, Streitereien verwickelt wird, die gleichfalls in das Mars-Schema gehören.

Bei den *Metallen* äußert sich der Mars im *Eisen* (darauf bin ich in meinem Buch *Gesund sein mit Metallen* ausführlicher eingegangen). Eisen ist das Kriegsmaterial schlechthin und spielt auch bei der Bildung der roten Blutkörperchen eine wichtige Rolle.

Von den *Pflanzen* sind alle Kräuter und Gemüse, die scharf schmecken und dem Körper Energie verleihen, marsisch geprägt. Dazu zählen Brennessel, Zwiebel,

Knoblauch, Meerrettich, Basilikum, alle Kohlarten und der Dornige Hauhechel.

In den *religiösen Bewegungen* weist die Heilsarmee am stärksten marsische Züge auf. Eine von dieser Organisation ausgegebene Zeitschrift heißt bezeichnenderweise auch »Der Kriegsruf«.

Unter den *Tieren* zeigt sich das Mars-Schema vor allem bei extrem aggressiven (Raub-)Tieren, die den Kampf und den Sieg über den Gegner lieben.

Im *Mineralreich* kommt das Mars-Prinzip vor allem im *Kalium* zum Ausdruck. Kalium ist das Element, das der Pflanze »Stoßkraft« und »Energie« verleiht. Ohne Kalium kann sich die Pflanze nicht zu ihrer vollen Größe entfalten.

Ich kann hier leider nicht alle Äußerungsformen des Mars-Schemas aufzählen. Man muß selbst denken lernen! Ist man einmal »auf den Geschmack gekommen«, bereitet das Aufspüren der zahllosen marsischen Fakten oder Objekte keine Schwierigkeiten mehr. Die obige Zusammenstellung ist daher nur eine beispielhafte Übersicht, die an das Prinzip heranführen soll, das den Ausgangspunkt dieser Ausführungen bildet. Wer sich näher mit dem Wesen der Analogien befassen will, findet in meinem Buch *Gesund sein mit Metallen* vielerlei Anregungen.

Krankheit als Ausdrucksform eines kosmischen Schemas

Fassen wir den bisher behandelten Stoff zusammen, so erhalten wir folgendes Bild:

Das menschliche Sein ist weder begrenzt noch einmalig. Das heißt, der Mensch arbeitet *an* der Zukunft und lebt *für* sie. Das gegenwärtige Leben kann nicht isoliert gesehen werden; es wird bestimmt von zurückliegenden Lebensformen oder – wenn man will – von den Inspirationen, die ihm aus der Geisteskraft Verstorbener zufließen. Man »erbt« bei der Geburt – selbst wenn einen dieser Gedanke befremden mag – nicht nur harmonische, sondern gleichwohl auch disharmonische Tendenzen aus einem »verflossenen Leben«, bekommt also nicht ausschließlich die positiven Seiten der »Inspirationsquelle« zu spüren; d.h. man startet nicht unbelastet ins Leben. Harmonien und Disharmonien sind uns mit auf den Weg gegeben. Häufig bedarf das »Erbgut« einer gewissen Restaurierung, d.h. man bekommt Gelegenheit, früher einmal entstandene Disharmonien (ich schreibe bewußt »Disharmonien« und nicht »Fehler« und verweise dabei auf das nächste Kapitel) in ein gewisses Gleichgewicht zu bringen. Zur Realisierung dieses Vorhabens müssen wir uns zunächst der »ererbten« Disharmonien bewußt werden (entsprechend dem im ersten Kapitel behandelten Reinkarnationsgedanken). Die Bewußtwerdung tritt mit dem Augenblick ein, da wir die Phänomene erkennen. Sie offenbaren sich uns in den drei oben angeführten Bereichen – Körper, Geist und Umstände. Um diese Phänomene erkennen zu können, die sich immer – selbst wenn wir sie totschweigen wollten – ihrer Wesensart entsprechend manifestieren, ist es erforderlich, in Analogien zu denken. Dadurch können wir ein Phänomen auf das ihm zugrunde liegende Urschema, das kosmische Prinzip, zurückführen. Solche kosmischen Schemata sind aus dem *Geburtshoroskop* ersichtlich. Das Geburtshoroskop ist im Grunde nichts anderes als eine »*Momentaufnahme*« von der makrokosmischen Situation (Stand der Himmelskörper) zum Zeitpunkt der Geburt. Das Geburtshoroskop gibt Aufschluß über das Zusammenwirken der einzelnen kosmischen Kräfte. Wir müssen uns freilich die Mühe machen, Wesen und Bedeutung der kosmischen Schemata zu ergründen, um den tieferen Sinn des Phänomens »Krankheit« erfassen zu können. Dabei helfen uns die griechische Mythologie, die Bibel, die alte chinesische Philosophie und viele besinnliche und tiefgründige Sentenzen.

Krankheit ist dann nicht mehr ausschließlich lästiges Übel, sondern wird für uns zu einem Phänomen, durch das wir erfahren, welcher »Restaurierung« unser gegenwärtiges Dasein bedarf. Wir können und sollen daraus *lernen*, wie wir in unserem Leben Harmonie und Ausgewogenheit erzielen können. Das Leiden wird dann zum Propheten, zum Mahner und Seher.

Es ist nicht nötig, eine Krankheit nur rein kausal erklären zu wollen, wie dies von der Schulmedizin praktiziert wird. Nach den bisherigen Darlegungen versteht man wohl, daß die »wissenschaftliche Erklärung« einer Krankheit kaum etwas über deren eigentliche Ursache aussagt (bei der es mit kausaler Motivierung nicht getan ist), die jedoch einen Teil des Ursachenkomplexes ausmacht.

Wenn die Wissenschaft sagt: Lungenentzündung ist die Folge einer Virus- oder Bakterieninfektion, so stimmt das. Viren bzw. Bakterien sind aber nicht die Wurzel des Übels. Wenn wir – um bei der Lungenentzündung zu bleiben – nach dem Prinzip suchen, das der Krankheitsentstehung zugrunde liegt, so stoßen wir auf das Mars-Prinzip (Entzündung) und auf das Merkur-Prinzip (Luftwege). Darüber mehr im vierten Kapitel.

Die rein wissenschaftliche Erklärung führt zu einer einseitigen Behandlung. Sie erfolgt auf rein medizinischer

Basis, d.h. sie erstreckt sich lediglich auf die ärztlicherseits festgestellte Ursache. Leuchtet man jedoch die Hintergründe der Erkrankung aus, so bieten sich zunächst einmal mehr Behandlungsmöglichkeiten an, weil man beispielsweise Anhaltspunkte für die Entstehung der Lungenentzündung auch im seelischen Bereich oder in den Umständen findet (und zwar durch das Denken in Analogien). Des weiteren wird man feststellen, daß die Erkrankung zur Bewußtwerdung von Disharmonien beiträgt, die zum Ausbruch der Krankheit geführt haben. Dadurch gelangt man zu der Erkenntnis, daß man manches in seinem Leben anders (harmonischer) machen muß. Unter Zugrundelegung dieser Philosophie führt Krankheit zur Besinnung und Neubewertung der persönlichen Situation. Krank sein ist und bleibt lästig, kann jedoch – sofern wir bereit sind, uns mit dem zu befassen, was uns die Krankheit eigentlich kundtun will - recht gesund sein, weil sie zu einer Harmonisierung unseres ganzen Seins beiträgt. Bedauerlicherweise löst das Erdulden einer Krankheit (vor allem einer sehr schweren) häufig lebenslange Frustrationen aus. Das ist nicht nötig. Wenn der Patient allerdings ohne Einblick in die tiefere Bedeutung und den Sinn seiner Krankheit vom behandelnden Arzt (mit oder ohne medikamentöse Unterstützung) wieder in seinen Alltag entlassen wird mit der Aufforderung: »So, nun versuchen Sie es nur mal wieder«, dann wird dieser Mensch doch die hinter ihm liegende Zeit der Krankheit und des Leidens als »schweren Schicksalsschlag« ansehen.

Meine Bedenken gegen dieses Vorgehen der Mediziner beziehen sich nicht so sehr auf die Diagnosestellung oder die Therapie (obwohl man hinter letztere manchmal ein großes Fragezeichen setzen möchte), sondern vor allem darauf, daß der Patient nur in den seltensten Fällen als »Gesamtheit« in die Behandlung einbezogen wird. Ich sage ausdrücklich »Patient«, weil nämlich viele (und mit gutem Grund) das Gefühl haben, daß der Mensch ab Krankheitsausbruch nicht mehr Mensch, sondern eben »Patient« ist; und daran ist die Ärzteschaft nicht ganz unschuldig. Zum Glück besinnt man sich in letzter Zeit mehr und mehr auf die Fragwürdigkeit eines solchen Vorgehens. Das »Patientendasein« kann nämlich an der Substanz des Menschseins zehren, zumindest dann, wenn der behandelnde Arzt so von seinen kausal-wissenschaftlichen Ansichten eingenommen ist, daß er bei den Visiten oder in der Sprechstunde wie ein »wandelnder Eisberg« wirkt – so unpersönlich und lebensfern, daß der Kranke den Eindruck gewinnen muß, sein Leiden bringe ihn in eine lebensfremde Situation.

Solange unser Geist jedoch seine Stärke behält und unser Herz, das ja unser ureigenstes Ich verkörpert, von derartigen Gebaren nicht geschädigt wird, können wir Berge versetzen, sei die Krankheit auch noch so schwer.

Wie wir bereits gesehen haben, spielt sich das menschliche Leben in drei Bereichen ab – Körper, Geist und Umstände. Die in diesen drei Bereichen auftretenden Phänomene entsprechen einander und sind insgesamt analog einem makrokosmischen Schema oder Prinzip.

Es kann nun vorkommen, daß einer der genannten drei Bereiche vernachlässigt wird, daß beispielsweise der körperliche Aspekt des Menschen ein wenig ins Hintertreffen gerät. Kehren wir noch einmal zum Mars-Prinzip zurück: Wenn zum Zeitpunkt der Geburt das Mars-Prinzip Disharmonien aufweist, bekommt dies der Betreffende während seines irdischen Lebens zu spüren. Sein »Auftrag« besteht dann darin, die Anlage zu disharmonischen Tendenzen zu erkennen und (soweit er dazu imstande ist) zu harmonisieren.

Es hat sich freilich gezeigt, daß nicht jeder befähigt ist, die Phänomene einer anlagebedingten Disharmonie in allen drei »Daseinsbereichen« zu erkennen. Meist erfährt man die durch solche Disharmonien verursachten Unpäßlichkeiten zunächst in nur einem Bereich. Es kann beispielsweise vorkommen, daß bei dem Betreffenden psychische Probleme auftauchen. Die Symptome bestehen dann vielleicht in Unentschlossenheit, wenig Energie zur Durchsetzung der eigenen Ideen, mangelnder Schlagfertigkeit usw.; der Betroffene liegt immer um eine Nasenlänge zurück und hat das Gefühl, daß er zwar manches anstrebt aber bei weitem nicht alles erreicht.

Das kann zu Zwangsvorstellungen führen, die u.U. soweit gehen, daß psychiatrische Beratung und Behandlung ratsam erscheinen (denn für den Bereich der Seele ist der Psychiater oder der Psychologe »zuständig«). Dabei wird vornehmlich der psychischen Seite des Problems Beachtung geschenkt: Aussprache, Ausweinen, Gesprächstherapie und dann ... einen neuen Versuch wagen. Müßte man sich jemanden vorstellen, auf den das Phänomen »psychische Labilität« zutrifft, so käme man bald auf den schmächtigen, etwas farblosen Typ, der ziemlich unsicher wirkt und nur zögernd, mit gesenktem Blick im Behandlungszimmer seines Betreuers Platz nimmt, um dann mit leiser Stimme und in spärlichen Worten auf die vom Psychologen bewußt forsch gestellte Frage zu antworten: »Ja, ich habe wirklich versucht, das zu tun, was Sie mir geraten haben, aber was ich auch unternommen habe, immer kam mir wieder ein anderer zuvor.« So jedenfalls könnte es sich zutragen.

Dauert diese Phase der psychischen Störungen zu lange

(was weitgehend von der Gesamtkonstitution abhängt), dann kommen vielfach plötzlich noch körperliche Symptome hinzu. Der Körper meldet sich nun gewissermaßen zu Wort: »Jetzt mache ich das nicht länger mit! Weshalb immer nur die Psyche und nicht ich?« Der Körper reagiert sozusagen wie ein Kind, dem man auf einmal weniger Beachtung schenkt: Es muckt auf, wird ungezogen, tanzt aus der Reihe und läßt nichts unversucht, sich in den Mittelpunkt zu drängen. Ähnlich verhält sich der Körper.

Der oben geschilderte Typ leidet auf einmal an einer beängstigenden Blutarmut (Mars, Eisen); plötzlich können Entzündungen auftreten, ohne daß dafür kausal ein Grund vorläge. In schweren Fällen muß man sogar mit Störungen im Bereich des Gehirns (z.B. Verengung der Hirngefäße) rechnen.

All diese Symptome gehören zu den Disharmonien des makrokosmischen Mars-Schemas.

Wenn wir bei der Beurteilung psychischer oder physischer Symptome nicht vom alles-überspannenden Prinzip ausgehen (Analogie zwischen all diesen Phänomenen aufgrund der makro-mikrokosmischen Situation), werden wir die Krankheitssymptome in diesem Falle auf zwei scheinbar unzusammenhängenden Ebenen bekämpfen. Wir verkennen dann die tatsächlich vorhandene Relation zwischen den Symptomen. Wenn man indessen die Hintergründe der Symptome durchschaut hat (auf seelischer, körperlicher oder sozialer Ebene), kann man Problemen, die sich auf der einen Ebene ergeben, dadurch begegnen, daß man Problemen auf einer anderen Ebene mehr Beachtung schenkt. Auch hierfür ein praktisches Beispiel:

Angenommen, wir bekommen es mit den vornehmlich körperlichen Beschwerden des fünfjährigen Sohnes von

Frau Jansen zu tun (alle Jansens mögen mir verzeihen, ich hätte ebensogut Frau Huibers sagen können). Mutter Jansen läuft von einem Arzt zum anderen. Alle befassen sich mit den Leibschmerzen des Kindes, die häufig von Durchfällen begleitet werden. Bei der Untersuchung stellt sich heraus, daß das Kind ziemlich viele schadhafte Zähne hat, was darauf schließen läßt, daß es wahrscheinlich häufig Süßigkeiten ißt. Sonst finden die Ärzte wenig konkrete Anhaltspunkte und verschreiben schmerzlindernde Medikamente und etwas gegen den Durchfall. Der Zahnarzt schüttelt den Kopf, weiß gar nicht, wo er überhaupt anfangen soll, und meint schließlich, man möge ruhig mal den Zahnwechsel abwarten. Soweit der körperliche Aspekt.

Psychisch macht der kleine Jansen auch Schwierigkeiten. Die Mutter eines Spielkameraden beklagt sich nämlich, daß der Junge manchmal aggressiv sei, andererseits sei er sonst ein so herziges Kerlchen. Daraufhin rät der Hausarzt den Eltern, einmal einen Erziehungsberater aufzusuchen, was auch geschieht.

Ehe wir uns weiter mit dem Fall beschäftigen, wollen wir die Fakten noch einmal zusammenfassen, damit wir einen besseren Überblick bekommen:

Physische Symptome: Darmbeschwerden (Schmerzen, unregelmäßiger Stuhlgang, häufig Durchfälle), schlechter Zustand der Zähne (Zahnfäule).
Therapie: Harmlose Medikamente zur Darmberuhigung und eine Diätvorschrift: kein Obst, keine Rohkost, Weißbrot und vor allem mageres helles Fleisch.
Psychische Symptome: Schwierigkeiten im Umgang mit anderen Kindern, aggressive Verhaltensphasen im Wechsel mit gefühlsbetontem Gebaren, in der Gruppe schwer lenkbar.

Therapie: Fachliche Betreuung durch geschultes Personal.
Ergebnis: Jan Jansen bleibt allen gutgemeinten Maßnahmen zum Trotz ein schwieriges Kind.

Aus der Darstellung ist ersichtlich, daß jedes Problem für sich, d.h. in seinem Bereich, angegangen wurde – allerdings ohne Erfolg. Suchen wir also weiter.

Ein Aspekt ist noch nicht zur Sprache gekommen, die *Umstände*, in denen Jan Jansen lebt. Aber nur keine Bange! Selbst der Arzt und der Psychologe hatten diesbezüglich nicht die mindesten Bedenken. Das Kind kommt aus guten Verhältnissen, das kann man sehen. Der Vater verdient ganz schön; die Mutter macht einen gutbürgerlichen Eindruck – bestimmt kein Hinterhofmilieu. Wieviele Kinder gibt es nicht, die in weitaus schlechteren Verhältnissen leben. Aber ... wenn wir die bisher besprochenen Fakten einmal näher untersuchen, so werden wir bald merken, daß die Umstände, in denen der Junge lebt, keineswegs so optimal sind, wie dies auf den ersten Blick scheinen mag. Einen deutlichen Hinweis geben uns die Zähne – viel Süßigkeiten. Man stopft den Jungen offenbar mit Zuckerzeug voll. Daraus erklären sich schon die Darmbeschwerden und die psychologischen Schwierigkeiten. Zucker beeinträchtigt nämlich die Funktionstüchtigkeit der Darmflora ganz ungemein. Zudem führt übermäßiger Zuckerkonsum (Näschereien) gelegentlich zu einer starken Absenkung des Blutzuckerspiegels. Dadurch können Aggressionen ausgelöst werden. (Man lese zu dieser Thematik die Ausführungen in meinem Büchlein *Überwinde Angst und Furcht mit Kräutern, Edelsteinen und richtiger Ernährung.)* Es stellt sich nun die Frage, *weshalb* das Kind so versessen auf Zucker ist. Ein Blick in den Tagesablauf des kleinen Jan ist in diesem Zusammenhang recht aufschlußreich. Zucker ist nämlich *der* überaus beliebte »Muttterersatz«. Zucker (Süßes) ist tröstlich. Hören wir nicht immer wieder zu einem weinenden Kind sagen: »Wenn du den Bonbon gelutscht hast, ist alles wieder gut.«

Mit Keksen, Schokolade und Zuckerzeug vertröstet man die lieben Kleinen und ... schadet ihnen.

Die Wurzeln der physischen und psychischen Störungen unseres (angenommenen) Problemkindes findet man in seinen Lebensumständen. Offenbar widmen Vater und/oder Mutter ihm nicht die gebührende *Aufmerksamkeit*. Dies versucht das Kind mit »Liebessurrogat« bzw. »Trostersatz« zu kompensieren – mit Zucker.

Erforderliche Therapie: Behandeln Sie in einem solchen Falle nicht diejenigen Beschwerden, die sich nach außen hin offenbaren (die physischen und psychischen Probleme), sondern kümmern Sie sich um die Lebensumstände des Kindes.

Wie läßt sich das machen? Indem man Vater und Mutter auf den Hiatus in *ihrem* Psychobereich hinweist. Nicht das Kind gehört zum Psychologen, sondern die Eltern. Ihnen muß klargemacht werden, daß sie psychisch nicht flexibel genug gewesen sind, um dem Kind die Zuwendung und Beachtung zu schenken, die es so dringend benötigt.

Sobald das Kind das wachsende Interesse, Herzenswärme und Entgegenkommen der Eltern verspürt, wird die Naschsucht allmählich nachlassen (d.h. das Zuckerbedürfnis abnehmen), und die körperlichen Beschwerden werden sich legen. Das Kind wird von innen heraus glücklich, heiter und frohgemut werden.

In einem solchen Falle könnte man der Mutter zurufen: »Was ist dir lieber – willst du ein bißchen mehr Zeit dafür aufwenden, um dich *wirklich* mit deinem Kinde zu befassen, oder willst du viel Zeit mit den Besuchen bei Ärzten und Psychologen verlieren?«

Diese breite Darstellung eines Musterfalles möge verdeutlichen, daß man ein Symptom nicht unbedingt auf der Ebene bekämpfen muß, auf der die Manifestation erfolgt. Im Gegenteil. Wenn wir durch Analogismus die zwischen den einzelnen Ebenen bestehenden Zusammenhänge erst einmal erkannt haben, werden wir auch die richtige Behandlungsform finden. Daß eine solche Therapie eine Menge persönlichen Engagements erforderlich macht, versteht sich. Wenn wir zum Kernpunkt eines Problems vorstoßen wollen, kostet es immer etwas Mühe. Für unseren Fall besagt das: Es ist nicht so bequem wie die Verabreichung eines Mittels gegen Diarrhöe.

Folgerungen

Wir haben gesehen, daß im Kranksein ein tieferer Sinn liegt. Er wurzelt in der Urgesetzmäßigkeit, die in der Sentenz »Wie oben, so unten« zum Ausdruck kommt. In alten Kulturen, die nach wie vor recht lebendig sind (man denke nur an die Bibel), wird das Oben als das Göttliche dargestellt und das Unten als das Irdische bzw. als die Situation des Menschen.

Befassen wir uns beispielsweise ausführlicher mit der biblischen Heilslehre, so finden wir diese Gesetzmäßigkeit immer besonders betont. Mikro-/Makrokosmos als Ausgangspunkt – wie in der Schöpfungsgeschichte (Genesis 1,14) dargestellt – spielt in der ganzen Heiligen Schrift eine Schlüsselrolle. Immer wieder findet man neben dem körperlichen Aspekt einer Krankheit auch Hinweise auf ihre tieferen Ursachen und Behandlungsmöglichkeiten.

Eine Stelle des Neuen Testamentes (Johannes 9,3) könnte gut als Anregung zum Titel des vorliegenden Buches gedient haben. Es ist die Erzählung von der Heilung des Blinden. Die Jünger fragten Jesus, ob dieser Mann oder seine Eltern gesündigt hätten – vielleicht die Möglichkeit einer Syphilisinfektion ins Kalkül ziehend, die zu Blindheit führen kann, vielleicht auch im Gedanken an ein Karma:

Jesus antwortete: Es hat weder dieser gesündigt noch seine Eltern, sondern daß die Werke Gottes offenbar würden an ihm.

Anders ausgedrückt: »Krank sein – lästig aber doch gesund.«

Daß »die Werke Gottes an ihm offenbar würden« kann durchaus eine andere Formulierung für »Wiedergeburt« sein: Dann erst wurden ihm die Augen geöffnet. Ist es nicht bezeichnend, daß diese Worte bei der Heilung eines Blinden fielen?

Wir sollten uns etwas weniger um unser »himmlisches« Seelenheil kümmern und dafür mehr einsetzen für den »Himmel, der sich auf die Erde herabsenkt«. Dies aber bleibt jedem selbst überlassen – zum Heile seiner Gesundheit, der körperlichen, der geistigen und der der Umstände.

Mensch, halte an! Wo willst du hin? Der Himmel (Makrokosmos) ist in dir (Mikrokosmos); suchst du Gott anderswo, du fehlst ihn für und für.

Angelus Silesius

3
Gibt es überhaupt »gut« und »böse«?

Wer von euch ohne Sünde ist, der werfe den ersten Stein.
(Johannes 8,7)

Obwohl die Begriffe »gut« und »böse« nicht direkt zu unserer Thematik gehören, so möchte ich in diesem Kapitel doch ein wenig auf sie eingehen.

»Gut« und »böse« – als abstrakte Begriffe – haben sicherlich eine lange Entwicklung hinter sich. In ihnen liegt der Kern der dualistischen Beschaffenheit des Menschen. Wir müssen uns freilich fragen, ob man der dualistischen Beschaffenheit mit den beiden Worten »gut« und »böse« auch wirklich gerecht wird.

Zunächst fällt uns auf, daß diese beiden Begriffe nur Relativwert haben. Ihre Bewertung und Bedeutung sind weitgehend abhängig von der zu einer bestimmten Zeit und für eine bestimmte Gruppe von Menschen gültigen Norm. Jede Zeit und jeder Personenkreis schätzt die Begriffe »gut« und »böse« also individuell ein. Abgesehen von dieser kulturell gebundenen Interpretation gibt es noch eine, die unabhängig von irgendwelchen Zeitströmungen oder Kollektiven ist. Dabei spielen Elemente eine entscheidende Rolle, die dem Menschen eigen sind. Man könnte von einem »Urgesetz des menschlichen Zusammenlebens« sprechen.

Die Geschichte lehrt uns, daß jede Kulturepoche mit ihren eigenen Worten diese Urgesetze fixiert hat. Bei den Juden sind es die Zehn Gebote, bei den Chinesen war es das I-Ging, bei den Mohammedanern ist es der Koran usw.

Es fragt sich jedoch, ob man den dualistischen Charakter dieser menschlichen Urgesetze mit den Begriffen »gut« und »böse« zum Ausdruck bringen sollte, denn wir gehen ja dabei von der Bedeutung aus, die diese Worte *heute* haben. Beim Wort »böse« denkt man unwillkürlich an etwas Schlechtes, Verwerfliches, Minderwertiges. Wir neigen dazu, beim Wörtchen »böse« die Nase zu rümpfen, zumal wenn wir uns für recht »gut« halten. Umgekehrt sehen wir in etwas »Gutem« in der Regel etwas Anständiges, Schickliches, Ordentliches. Das »Gute« darf also auf das »Böse« hinabblicken. Das »Gute« steht höher im Kurs als das »Böse«. »Gut« und »böse« beinhalten heute eine Art *Wertschätzung*. Die gegenwärtige Auffassung von diesen beiden Begriffen gibt dem Menschen scheinbar das Recht zu urteilen und zu verurteilen. »Gut« und »böse« werden oft so angewandt, daß sie sich gegenseitig *ausschließen*. Wenn wir uns diese Worte einmal durch den Kopf gehen lassen, werden wir bald merken, daß *diese* Interpretation der beiden Begriffe direkt tödlich für ein wirklich menschliches, harmonisches Zusammenleben werden kann. In der Praxis zeigt sich beispielsweise, daß der »böse« Mitmensch oft dazu herhalten muß, das eigene Selbstwertgefühl aufzupolieren (d.h. selbst in besserem Lichte dazustehen).

Gerade die christliche (kirchliche) Auffassung von »gut« und »böse« hat ein Zusammenleben bewirkt, in dem das »Ausschluß-Denken« gang und gäbe ist. Im zweiten Kapitel haben wir gesehen, daß die Kirche die

Hexen »ins Leben gerufen« hat, um die eigene Machtposition weitestgehend zu sichern. Nur dadurch, daß man Hexen schuf, konnte man diese auch ausrotten. Um die Menschenmassen lenken (manipulieren) zu können, hat die Kirche nichts unversucht gelassen, mittels theologischer Spitzfindigkeiten und Dogmen die biblischen (Ur-) Gesetze in die subjektiven Werte »gut« und »böse« umzusetzen.

Ich bin der festen Überzeugung, daß diese Interpretation dem »lebenden« Menschen keinerlei Perspektiven bietet.

Harmonisch und disharmonisch

Läßt man auf einem Musikinstrument einen harmonischen Akkord erklingen, so hören wir dies gern. Unter einem harmonischen Akkord verstehe ich einen auf konsonanten Intervallen aufgebauten (beim Klavier z.B. die Töne c – e – g). Wir können dann allerdings (und glücklicherweise) nicht von einem gut-klingenden Akkord sprechen, denn auch ein disharmonischer Akkord mit dissonanten Intervallen (z.B. c – e – g – bes) kann gefallen. Nur ... ein disharmonischer Akkord läßt immer etwas offen, er wirkt unfertig, birgt in sich eine gewisse Spannung.

Disharmonie verlangt nach Harmonie. Dissonante Töne (z.B. c – bes) brauchen eine konsonante Lösung (hier f – a). Wenn Sie ein Klavier oder eine Heimorgel haben, es kann auch eine Gitarre oder ein sonstiges mehrstimmiges Instrument sein, sollten Sie diese Töne einmal spielen und dabei vor allem darauf achten, wie »selbstverständlich« die Gesetze von Harmonie und Disharmonie im Grunde sind.

Die Wechselwirkung von Harmonie und Disharmonie ist für jedes Naturgeschöpf sehr wichtig. Man denke in diesem Zusammenhang an das, was über Tolstoi und die Kreutzersonate gesagt wurde. Die Musik birgt in sich neben den tragenden Begriffen »Zeit« und »Rhythmus« auch das dualistische Wesen des Menschen in sich wie keine andere Kunst sonst.

Gut und böse – Harmonie und Disharmonie

Der große Unterschied zwischen »gut« und »böse« einerseits sowie »Harmonie« und »Disharmonie« andererseits liegt darin, daß »gut« und »böse« keine Perspektive haben, während »Harmonie« und »Disharmonie« den zukunftsgerichteten Erlösungsgedanken in sich bergen.

In der alttestamentarischen Schöpfungsgeschichte wird erzählt, wie der Mensch vom Baume der Erkenntnis aß. Von da an war sein Wissen differenziert, er vermochte zu unterscheiden, sein Gewissen war entstanden. Bezeichnenderweise wird an dieser Stelle sofort vermeldet, wie sich dieses Wissen des Menschen äußerte: Er entdeckte (dadurch, daß er wissend geworden war bzw. ein Gewissen bekommen hatte), daß er nackt war.

Es zeigt sich, daß dieses Wissen die Verantwortung einer Entscheidung einschließt: Der Mensch kann wählen, ob er es bei der Disharmonie belassen will, oder ob er Harmonie anstrebt. Es geht dabei freilich nie um eine Entscheidung zwischen »gut« und »böse«. Dies könnte ja nur zur Selbstverherrlichung bei gleichzeitigem Ausschluß des anderen führen. Die Auseinandersetzung zwischen »gut« und »böse« ist eine Kompetenzfrage. Sie endet in offenem, oft blutigem Kampf um das, was man

Der Baum der Erkenntnis von Gut und Böse, von dessen Früchten Adam und Eva aßen. Dargestellt wird der Augenblick, da menschliches Gewissen entstand.
Holzschnitt aus dem »Hortus Sanitatis«, Augsburg 1486.

für »gut« hält. In der Geschichte klingt dieser Gedanke immer wieder auf tragische Weise an.

Der chinesische Philosoph Lao-tse sagt:

»Wahre Worte sind nicht schön,
schöne Worte sind nicht wahr.
Die gut sind, sind nicht redegewandt,
die redegewandt sind, sind nicht gut.
Die wissen, sind nicht gelehrt,
die gelehrt sind, wissen nicht.
Der Weise legt keine Vorräte an.
Je mehr er anderen tut, desto mehr behält er übrig.
Je mehr er anderen gibt, desto reicher wird er.
Der Weg des Himmels ist: nützlich sein und nicht schaden.
Der Weg des Weisen ist: handeln und nicht kämpfen.
(Aus dem Tao-te-king)

Krank sein – böse oder Disharmonie?

Es liegt auf der Hand, daß man eine Erkrankung für etwas Negatives hält. Die vorherrschende Meinung sieht in der Krankheit etwas Böses. Vielfach wird eine Krankheit auch als Strafe aufgefaßt, als Folge der vom Menschen begangenen Sünde. Wer erkrankt, tut dies mit der gleichen Einstellung, wie er die Strafe in der Schule hinnimmt oder hingenommen hat: Füge dich nur, desto eher ist alles vorbei.

Wenn wir eine Krankheit so erleben, müssen wir uns allen Ernstes fragen, ob wir wirklich je gesunden. In den vorigen Kapiteln wurde dargelegt, daß Krankheit ein Phänomen ist, das sich als Segment des kosmischen Schemas in unserem Wesen, unserer Veranlagung manifestiert.

Dieses Schema oder Prinzip hat seine harmonische und seine disharmonische Seite.

Disharmonie erfordert eine Lösung. Krankheit erfordert Genesung. Der Musiker kann eine Disharmonie dadurch lösen, daß er einen Einblick in die Musikgesetze hat und sie anwendet.

Ein Kranker kann dadurch gesunden, daß er einen Einblick in die Disharmonien gewinnt, die zur Krankheit geführt haben; und genau das kann sehr lehrreich sein. Im nächsten Kapitel will ich auf einige körperliche Disharmonien (Krankheiten) zu sprechen kommen. Bedenken Sie aber beim Lesen immer, daß es dabei nicht um etwas Böses oder Negatives geht, sondern um die Bewußtwerdung von disharmonischen Tendenzen, die sich in unserem Leben offenbaren. Es geht um die Erzielung einer inneren Harmonie, um den Frieden, der den Verstand überragt.

Jeder weiß, daß die Natur über ein enormes Regenerationsvermögen verfügt. Im ganzen kosmischen Geschehen sieht man täglich Beispiele dafür. Und im ganzen kosmischen Geschehen spielen die Begriffe »gut« und »böse« keine Rolle. Statt dessen zielt das ständige Bestreben darauf ab, disharmonische Tendenzen zu überwinden und Harmonie zu schaffen.

Nehmen wir einmal die Pflanzenwelt. Wenn wir die meist vom Menschen stark beinflußten Biotope wieder sich selbst überlassen, also keine Eingriffe mehr vornehmen, so wird sich dort bald eine harmonische Ausgewogenheit einstellen.

Wenn wir uns der kosmischen Gesetzmäßigkeiten bewußt werden, die ja auch für den Menschen Gültigkeit haben, werden wir staunen über unsere *naturgegebene Heilkraft*, die es nur zu aktivieren gilt. Dann erhalten wir auch zu Recht den Frieden, die Harmonie oder – greifen wir auf die chinesische Philosophie zurück – das Tao.

4
Krankheit als Äußerungsform kosmischer Schemata – oder: Welche Lehre ziehen wir aus unserer Erkrankung?

Ein Arzt, der die kosmischen Gesetze verkennt, verdiente eher ein Tor genannt zu werden denn ein Heilkundiger.

(Hippokrates 460-377 v.Chr.)

In diesem Kapitel wollen wir uns mit der folgerichtigen Weiterführung dessen befassen, was bisher gesagt wurde. Schwerpunkt bilden die beim Kranken oder beim Gesunden auftretenden körperlichen Phänomene. Die einzelnen Krankheitsbilder werden dabei im Rahmen der makro- bzw. mikrokosmischen Gesetze gesehen; es geht hier also um eine a-kausale Erklärung für die Erkrankung.

Hinweise für das Vorgehen finden wir u.a. bei *Paracelsus* (Theophrastus Bombastus von Hohenheim 1493 bis 1541). Dieser deutsch-schweizerische Arzt, Astrologe, Philosoph, Chemiker und Mystiker erklärt in seiner Schrift *Labyrinthus medicorum errantium*, daß man den Menschen als *Einheit* ansehen müsse, d.h. Körper, Geist und Umstände nicht isoliert sehen dürfe. Für die Untersuchung einer Krankheit empfiehlt Paracelsus folgende »Methode«:

1. Untersuche, welches kosmische Prinzip (welcher Planet) in Beziehung zu dem körperlichen (Krankheits-) Symptom steht. Anders ausgedrückt: Ermittle aus dem Geburtshoroskop die Planetenkonstellation, die Analo-

Theophrastus Bombastus von Hohenheim, der sich Paracelsus nannte, war zu seiner Zeit ein Verfechter der *wirklichen* (d.h. nicht ausschließlich Symptome bekämpfenden) Heilkunde.

gien zu dem sich offenbarenden körperlichen Phänomen aufweist.

2. Befasse dich genau mit dem makrokosmischen Bild und übertrage es auf die körperliche Situation.

3. Untersuche, welche kosmische Kraft die Konfliktsituation günstig beeinflußt (d.h. welcher Planet im Problembereich des Geburtshoroskops harmonisierend wirkt).

4. Versuche die körperliche Situation durch ein Heil-

mittel zu bessern, das entweder der kosmischen Kraft entspricht, die sich günstig auf die Konfliktsituation auswirkt, oder das der Konfliktsituation selbst entspricht. In letzterem Falle nehme man das Mittel homöopathisch potenziert (verdünnt) – entsprechend der Erkenntnis, daß Gleiches durch Gleiches geheilt wird.

Homöopathische Arzneien bezeichnet Paracelsus als *»geheime Mittel«*. Das Wort »geheim« deutet höchstwahrscheinlich darauf hin, daß seinerzeit das Wissen um den richtigen Verdünnungsgrad (Potenz) (einschließlich der Herstellung) zu den Geheimnissen der Alchimie gehörte. In solche »Geheimnisse« waren die Ärzte damals ebensowenig eingeweiht, wie es der moderne Schulmediziner heute ist. Heilmittel, welche der kosmischen Kraft entsprechen, die die Krankheit günstig beeinflußt, nennt Paracelsus *»Sympathiemittel«*. Zur Verdeutlichung für jede der beiden Therapieformen ein Beispiel:

Angenommen, es handelt sich um eine Entzündung der Luftwege. Vor allem Bronchien und Lungen sind betroffen. Aus dem Geburtshoroskop des Patienten geht hervor, daß eine Disharmonie zwischen den kosmischen Kräften Merkur (Luftwege) und Mars (Entzündungen) vorliegt. Die Konfliktsituation bildet einen günstigen Aspekt mit der kosmischen Kraft Jupiter. Dies ist der makrokosmische Ausgangspunkt für unser Beispiel (siehe Abbildung Seite 78).

Was für Mittel kommen dafür in Frage?

1. *Geheime Mittel*
In diesem Falle sollten die Arzneien dem Wesen des Mars und des Merkur entsprechen. Es könnten also beispiels-

Unser Beispiel, astrologisch dargestellt:

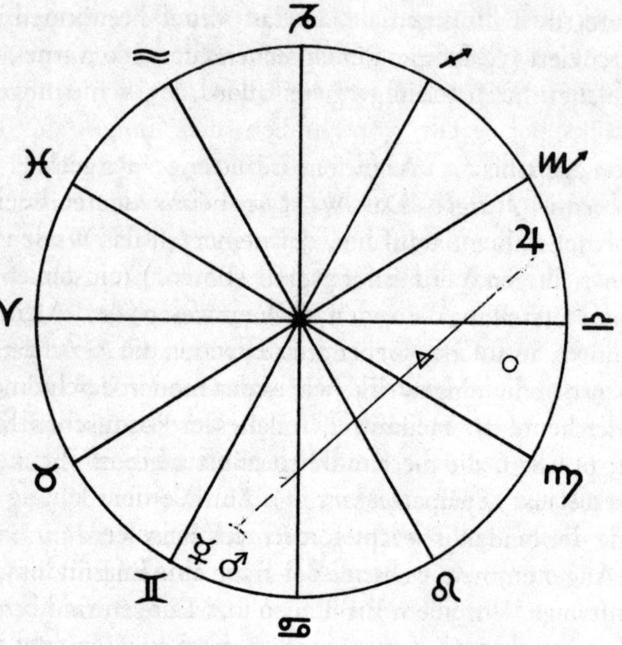

☿ = Merkur ☿ Stand eintretende Konjunktion (= 0°)
(dies ist ein disharmonischer Aspekt).

♂ = Mars

♃ = Jupiter ♃ Stand Trigon (= 120°) zu dieser Problemsituation
(damit ist ein harmonischer Aspekt gemeint).

weise Phosphorus (Phosphor) als »Mars-Stoff« und Mercurius (Quecksilber) als »Merkur-Stoff« verwendet werden. Phosphor wirkt sich auf die Entzündung aus, Quecksilber hingegen auf die Luftwege. Verwenden wir diese beiden Mittel nämlich unverdünnt, so verursacht Phosphor Entzündungen vor allem der Schleimhäute, Quecksilber greift vornehmlich die Lunge an, löst Hustenanfälle aus und führt zur Bildung eines gelblichen, manchmal eitrigen Schleims. Diese *Charakteristika* zeigen uns, daß wir uns für die richtigen Mittel entschieden haben (die Krankheitssymptome stimmen mit den Symptomen überein, die sich nach Verabreichung der unverdünnten Stoffe im Körper feststellen lassen). Solche charakteristischen Merkmale bezeichnet man in der Homöopathie *als »Leitsymptome«*. Und diese Leitsymptome weisen – um bei unserem Beispiel zu bleiben – auf die kosmischen Schemata Mars und Merkur hin.

Es ist nun sehr wichtig, den richtigen Verdünnungsgrad (Potenz) zu wählen. Bei einer akuten Entzündung kann man beispielsweise Phosphoros D6 verabreichen. D6 bezeichnet die sechsdezimale Verdünnung (1:1000000) eines Stoffes. Auf die homöopatischen Verdünnungen und ihre Anwendung bin ich in meinen Kräuterbüchlein ausführlicher eingegangen. In ihnen ist jeweils das 5. Kapitel der Homöopathie gewidmet. Insbesondere in dem Bändchen *Überwinde Angst und Furcht mit Kräutern, Edelsteinen und richtiger Ernährung* bin ich auf das »Geheimnis« der Potenzierung eingegangen.

Die Heilwirkung von Phosphorus und Mercurius beruht auf dem der Homöopathie zugrunde liegenden Satz *»Gleiches wird mit Gleichem geheilt«*. Natürlich hat man unter den »geheimen Mitteln« noch zahlreiche andere, die für die Behandlung einer Entzündung der

Luftwege in Frage kommen; es gibt zudem auch noch mehrere Substanzen, die dem Mars- bzw. dem Merkur-Prinzip analog sind. Glauben Sie also nicht, eine Lungenentzündung ließe sich ausschließlich mit Phosphor oder Quecksilber behandeln. Es geht hier ja nur um ein Beispiel. In jedem Falle muß man sich zuerst sehr genau mit allen Krankheitsäußerungen befassen und sie mit den Leitsymptomen der einzelnen Mittel vergleichen.

2. *Sympathiemittel*

Hierbei handelt es sich um Heilmittel, die dem Jupiter-Schema entsprechen. Wir erinnern uns, daß Jupiter in unserem Fall diejenige Kraft war, die sich harmonisierend auf den Merkur-Mars-Konflikt auswirkt.

Aus den vielen uns zur Verfügung stehenden Mitteln wählen wir in diesem Fall solche aus dem Pflanzenreich – und zwar Kräuter, die dem Jupiter-Schema entsprechen, u.a. Odermennig, Walnuß, Löwenzahn, Eiche.

Hier bietet sich vor allem der Löwenzahn an, da er außer der Jupiter-Wesensverwandtschaft auch eine gewisse Verwandtschaft mit dem Mars zeigt (u.a. aufgrund der in ihm enthaltenen Bitterstoffe). Die Verwendung dieser Pflanzen zielt nicht direkt auf die Bekämpfung körperlicher Symptome ab. Sie aktiviert vielmehr die Organe, die zu dem kosmischen Prinzip gehören, dem sie analog sind. Da in unserem Falle der Jupiter einen harmonischen Aspekt mit der kosmischen Konfliktsituation bildet, soll das Organ, das durch die Verabreichung eines Jupiter-Krautes aktiviert wird, harmonisierend auf die körperliche Konfliktsituation wirken. Ein Jupiter-Organ ist vor allem die Leber. In unserem Falle verhält sich die Leber zur Entzündung der Luftwege *sympathisch* (mitleidend!). Dadurch wird ein Teil der im Problemgebiet entstandenen Spannungen einem anderen (sympathisierenden) Körpergebiet übertragen. Dieser Gedankengang ist ganz und gar a-kausal. Die medizinische Wissenschaft ist ja (noch) nicht imstande, das Sympathieverhalten einzelner Körperteile zueinander nachzuweisen. Die sympathisierende Körperpartie wird nämlich bestimmt von der makrokosmischen Situation zum Zeitpunkt der Erkrankung. Es ist sogar möglich, daß im Verlauf der Krankheit ein »Sympathiewechsel« stattfindet, da der Makrokosmos ständig in Bewegung ist. Eine schematische Übersicht für den angenommenen Fall ist auf Seite 83 gegeben.

Hier möchte ich nun nicht näher auf die homöopathischen und phytotherapeutischen Behandlungsmöglichkeiten eingehen. In meinen diversen Kräuterbüchlein habe ich mich mit dieser Thematik mehrfach ausführlich befaßt. Aus dem oben geschilderten Beispielsfall ist ersichtlich, daß ein Einblick in die makrokosmische Situation nicht nur die *wirklichen* Ursachen körperlicher Erkrankungen aufdeckt, sondern daß er darüber hinaus auch Hinweise auf die Therapie gibt.

Wir wollen uns jetzt mit verschiedenen Krankheitsbildern und den ihnen entsprechenden makrokosmischen Gegebenheiten befassen. Da dieses Buch weder ein astrologisches noch ein medizinisches Handbuch ist, muß ich mich (nicht zuletzt aus Platzgründen) darauf beschränken, die körperlichen Beschwerden *gruppenweise* zu analysieren und zu besprechen.

Folgende Körperbereiche habe ich jeweils zusammenfassend bearbeitet:

Kopf, (Gehirn), Nerven, Atmungsorgane, Herz und Kreislauf, Magen-Darm-Trakt, Leber, Galle, Zunge und Zähne, Bauchspeicheldrüse (Zuckerkrankheit), Muskeln und Gelenke (rheumatische Beschwerden), Nieren, Haut und Augen, Geschlechtsorgane und sexuelle Störungen.

Die kosmischen Gegebenheiten, die eine körperliche Unausgewogenheit verursachen, sind häufig ziemlich kompliziert. Und so ist es denn auch äußerst schwierig, kosmische Zusammenhänge richtig zu erkennen und zu deuten. Bei der Interpretation der Beziehungen zwischen kosmischen Situationen und den analogen körperlichen Symptomen müssen wir immer von den einfachsten Voraussetzungen ausgehen. Ich kann jeweils nur Grundlagen zum Verständnis dieser Materie schaffen, die von Fall zu Fall individuell erweitert und für jede Situation gesondert aufgeschlüsselt werden müssen. Es gibt aus makrokosmischer Sicht so viele Varianten, daß eine Wiederholung genau der gleichen Situation so gut wie ausgeschlossen ist. Mit anderen Worten: Es gibt praktisch keine zwei völlig übereinstimmenden Geburtshoroskope. Daraus kann man folgern, daß es de facto keine zwei Menschen mit genau der gleichen Anlage – dem »Marschgepäck«, das jedem bei der Geburt mitgegeben wird – gibt.

Obgleich die Schulmedizin zwischen einem Magengeschwür und einem Magengeschwür kaum einen Unterschied macht, müssen wir doch aufgrund des oben Gesagten zu dem Schluß kommen, daß zwar ein Magengeschwür dem anderen *gleicht,* ihm aber *nicht gleich ist,* weil die kosmischen Gegebenheiten von Fall zu Fall (im Detail) verschieden sind. Ehe man also eine differenzierte Behandlung des Kranken aufgrund der makro-mikrokosmischen Gesetzmäßigkeiten durchführen kann, braucht man eine gute Beobachtungsgabe, intensive Beschäftigung mit der gesamten Situation, viel Geduld und Ausdauer.

Schematische Darstellung der »geheimen Mittel« und der »Sympathiemittel« (nach Paracelsus)
Ein angenommener Fall, wie auf den Seiten 61, 62 und 63 besprochen, bildet den Ausgangspunkt für dieses Schema

---

Geheime Mittel

Kosmisch:	Mars ←—//—→	Merkur (in Konfliktsituation)
	↓	↓
Körper:	Entzündungen	Luftwege
	↓	↓
Therapie:	Phosphor (zu verabreichen in einer potenzierten – geheimen – Form)	Quecksilber (zu verabreichen in einer potenzierten – geheimen – Form)
Philosophie:	Gleiches wird durch Gleiches geheilt.	

Sympathiemittel

Kosmisch: Mars ≠ Merkur ←—Δ—→ Jupiter
(Der »sympathisierende Planet« Jupiter bildet in unserem Beispielsfall einen harmonischen Aspekt mit der Konfliktsituation Mars-Merkur.)

↘ ↙ (Mars, Merkur) ↓ (Jupiter)

Körper: Entzündung der Luftwege ←——→ Leber
(Das ist in diesem Fall das »sympathisierende Organ«.)

Therapie: Aktivierung des »sympathisierenden Organs« durch diesem Organ entsprechende Kräuter (Odermennig, Walnuß, Löwenzahn, Andorn, Schöllkraut usw.)

Philosophie: Ein Kranker erhält Kraft von dem, der ihm Sympathie (Mit-Leid) bezeugt. Die Aktivation »sympathisierender Elemente« hat eine Ausstrahlung auf den Kranken zur Folge.

≠ = in Konflikt mit

Immerhin kann man auch durch Kenntnis der Grundzüge schon die Weichen stellen und auf den richtigen Weg gelangen. Damit hat man die Grundlage für eine weitere Erforschung und Entschlüsselung der letzten Einzelheiten.

Schematische Darstellung der wichtigsten Organe

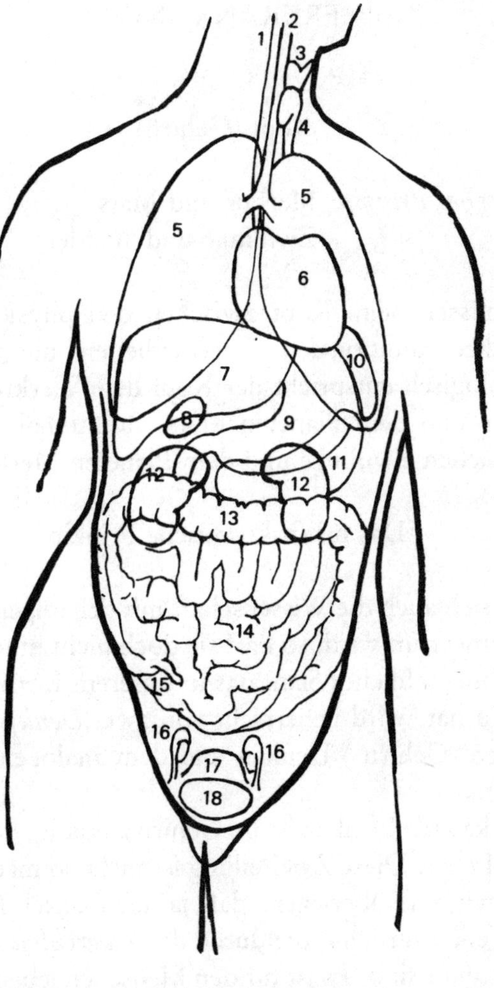

1 = Speiseröhre, 2 = Luftröhre, 3 = Kehlkopf, 4 = Schilddrüse, 5 = Lungen, 6 = Herz, 7 = Leber, 8 = Gallenblase, 9 = Magen, 10 = Milz, 11 = Bauchspeicheldrüse, 12 = Nieren, 13 = Dickdarm, 14 = Dünndarm, 15 = Blinddarm, 16 = Eierstöcke, 17 = Gebärmutter, 18 = Harnblase.

LÄSTIG, ABER DOCH GESUND! – WELCHE LEHREN ZIEHEN WIR AUS UNSERER ERKRANKUNG?

Kopf (Gehirn)

Kosmisches Prinzip: Merkur und Mars
Zwillinge und Widder

Wir müssen beim Kopf zwischen den physiologischen und den funktionalen Gegebenheiten unterscheiden. Physiologisch entspricht der Kopf dem Tierkreiszeichen Widder und dem Planeten Mars, funktional dem Tierkreiszeichen Zwillinge und dem Planeten Merkur.

Das makrokosmische Prinzip

Wenn sich auch die Wissenschaft mit der folgenden Aussage schwertun wird, so darf sie doch nicht unterbleiben: Unser menschliches Sein, das in unserem Körper Gestalt erhalten hat, wird beherrscht von zwei *Denkpolen*, dem kausalen (Gehirn-) Denken und dem analogen (Bauch-) Denken.

Das kausale Denken ist im Gehirn ansässig, das analoge in der Leber. Diese Zweiteilung ist nicht so merkwürdig, wenn wir uns überlegen, daß ja auch unser Körper in zwei Teile »zerfällt«, die durch das *Zwerchfell* voneinander getrennt sind. Es ist für den Menschen lebenswichtig, denn ohne Zwerchfell wäre kein Leben sowohl »nach oben« als auch »nach unten« denkbar. Auf diesen zunächst etwas merkwürdig anmutenden Satz komme ich bei der Behandlung des Zwerchfells noch zu sprechen.

Unser Kopf ist also der Sitz unseres kausalen Denkens. Jede verstandesmäßige Erklärung geht von der Gehirnfunktion aus. Mit dem Gehirn denken wir nicht – wie dies bei der Leber der Fall ist – in Bildern oder Träumen (z.B. symbolische Darstellungen, die die Wirklichkeit widerspiegeln), sondern kausal in abstrakten Folgerungen. Das Gehirndenken spielt sich zwischen (beweisbarer) Ursache und Folge ab. Es geht dabei weniger um Inhaltliches als um Wahrnehmbares. Eins und eins sind immer zwei, lehrt das Gehirndenken. Das Bauchdenken lehrt, eins und eins müssen nicht unbedingt zwei sein. Wir haben dabei von Fall zu Fall den wirklichen Wert der Größe »eins« zu ermitteln. Dem Bauchdenken zufolge könnten eins und eins unter Umständen fünf ergeben, je nachdem wie »eins« bewertet wird. Abgesehen von dieser Denkfunktion könnte man vom Kopf als einem *Impulszentrum* sprechen. Der Kopf ist ja die Zentrale, in der alle Nervenfasern zusammenkommen. Hier bietet sich der Vergleich mit einer »Elektrizitätszentrale« an: Der Strom geht vom positiven Pol (Anode) aus und kehrt am negativen Pol (Kathode) zurück. Im Gehirn wird also das Reizleitsystem koordiniert, d.h. von hier aus wird das Reaktionsvermögen gesteuert.

Das makrokosmisch-mythologische Prinzip

MERKUR: Das Wesen der oben geschilderten körperlichen Gegebenheiten wird durch den Planeten Merkur verkörpert. Merkur, den die Griechen Hermes nannten, spielt in der griechischen Mythologie den Götterboten; bei den Römern war er der Gott des Handels und der Diebe. Zwischen diesen drei Begriffen – Götterbote,

Handel, Diebe – gibt es eine deutliche Übereinstimmung: die Zirkulation, der Umlauf. Es geht dabei immer um die Überbringung einer Botschaft oder eines Sichtbaren, Konkreten von einer Stelle oder Person zur anderen. Stets finden wir Hermes/Merkur damit befaßt, etwas zu »transportieren«, Gedankengut, Gegenstände, Nachrichten, ja sogar die Seelen der Verstorbenen brachte er in die Unterwelt, ohne sich dabei um Inhalt bzw. Gehalt des zu Überbringenden zu kümmern. Ein gutes Beispiel für seine Tätigkeit ist seine Vermittlung zwischen Demeter und Pluto, nachdem dieser Persephone, die Tochter der Demeter, geraubt hatte (im zweiten Kapitel meines Buches *Gesund sein mit Metallen* bin ich ausführlicher darauf eingegangen. Nicht allein die Botenfunktion des Hermes ist beispielhaft für das Prinzip des Überbringens; im Handel und bei Diebstählen finden wir es gleichermaßen; auch hierbei handelt es sich ja um die Weiterleitung von materiellem oder Gedankengut. Etwas geht von einer Person auf die andere über.

In der mythologischen Verkörperung klingt neben der Funktion des Überbringens auch das Kausalitätsprinzip an. Sowohl beim Handel als auch bei Diebereien und beim Übermitteln von Botschaften geht es vorrangig nicht einmal so sehr um das zu überbringende Objekt, sondern um die Durchführung des Auftrages; es wird nicht danach gefragt, *wie* etwas überbracht wird, sondern *daß* es überbracht wird. In einem 1879 in den Niederlanden erschienenen Buch führt H. W. Stoll aus, daß Homer den Hermes immer als *Begleiter* der Götter und der Toten dargestellt hat. Bekannt ist von Hermes, daß er viele »zur Vernunft« zu bringen vermochte, was wohl darauf zurückzuführen ist, daß er das Wechselspiel von Ursache und Wirkung geschickt zu nutzen verstand.

Was können wir aus unseren Kopfschmerzen lernen?

Kopfschmerzen sind stets die Folge einseitiger Belastung und Überbewertung unseres kausal-rationalen Denkvermögens. Es ist bekannt, daß Kopfschmerzen häufig gemeinsam mit anderen körperlichen Beschwerden auftreten. Sie können eine Begleiterscheinung beispielsweise von Gallen-, Magen-, Darm- oder Lebererkrankungen sein. Ferner treten Kopfschmerzen vielfach im Zusammenhang mit der Menstruation auf. Sehr deutlich wird die Beziehung zwischen Kopf und kausalem Denken, wenn die Kopfschmerzen sich als Folge (zu) intensiver Geistesarbeit einstellen. Wieviele mag es geben, die im Verlauf von Sitzungen und Kongressen spüren, wie allmählich Kopfschmerzen aufkommen, die sie dann rasch mit einer Tablette zu vertreiben trachten? Auffallend ist auch, daß häufig Schüler und mehr noch Schülerinnen der Mittelschulen und Gymnasien von rasenden Kopfschmerzen befallen werden, wenn sie sich lange und intensiv mit ihren Aufgaben, vor allem auf dem Gebiet der exakten Wissenschaften, abplagen müssen.

Unsere (westliche) Kultur billigt einer nicht-rationalen Beschäftigung mit der Materie (mit der wir ja ständig konfrontiert werden) nur wenig oder gar keinen Raum zu. Selbst die auf den Markt kommenden Produkte sind so geartet, daß das rational ausgerichtete Alltagsleben möglichst störungsfrei ablaufen kann. Jeder Anschlag auf die bis ins Detail durchdachte Funktionstüchtigkeit des Gemeinschaftslebens ist zugleich ein Anschlag auf unseren Wohlstand. Rücksichtslos strebt die Wirtschaft Perfektion an.

Es gibt Mittel gegen Fußgeruch und gegen Achselschweiß; man hat Intimsprays entwickelt und Zahnpasten von »atemberaubender Frische«, Monatsbinden, welche keine Unpäßlichkeit während der kritischen Tage aufkommen lassen, Haarsprays und -lacke, die den zauberhaften Sitz der Frisur garantieren usw., usw. Solche Präparate werden (leider) *en masse* dazu benutzt, dem Leitbild unserer Zeit nachzueifern – dem unpersönlichen, ständig lächelnden, stets einsatzbereiten und gesellschaftlich wie wirtschaftlich »brauchbaren« Geschöpf unserer Kulturepoche, dem *Roboter mit Sozialempfinden.* Statt schlicht und ehrlich zuzugeben, daß es einem nicht besonders gutgeht, versucht man dies mit Hilfe all der Dinge zu vertuschen, die wir mit unserem Verstand entwickelt haben. Weshalb muß sich beispielsweise die moderne Frau während der Periode manchen Zwang antun, nur um überall mithalten zu können? Es handelt sich schließlich dabei um einen ganz normalen Prozeß, dem man in den verschiedensten Kulturepochen dadurch Rechnung trug, daß man der Frau während der Menses Ruhe gönnte. In meinen Ausführungen über die Geschlechtsorgane komme ich darauf noch zu sprechen.

Wir leben in einer Zeit weitgehender Mechanisierung. Immer mehr übernimmt die Maschine Arbeiten, die früher der Mensch verrichtete. Einerseits ist das gut so, denn die Produktionsmethoden sind so unnatürlich und menschenunwürdig geworden, daß der Maschineneinsatz eine gute Lösung darstellt. Andererseits ist es recht traurig, feststellen zu müssen, daß auch der verbleibende Rest an handwerklicher oder verwaltungsmäßiger Arbeit nun auch noch von der Automation überschattet wird.

Unsere Wirtschaft – gleich ob politisch rechts oder links orientiert – basiert auf größtmöglicher Sicherheit. In einem solchen System stellt der Mensch das unzuverlässigste Glied dar. So kommt es, daß der Mensch heute (unbewußt freilich) seine Leistungen mit denen der Maschine vergleicht. Und vielfach ist es auch so, daß der Wert eines Menschen an seiner »Betriebssicherheit« gemessen wird. Eine Begleiterscheinung dieser Entwicklung ist die besorgniserregende Zunahme »unpersönlicher Menschen«. Unpersönlichkeit ist allerdings nicht nur Folge, sondern zugleich auch Voraussetzung, denn Individualismus ist im Rahmen des automatisierten Perfektionismus nur hinderlich. Mit Hilfe des rational ausgerichteten Verstandes (Gehirndenken) ist der Mensch imstande, unter diesen Umständen überhaupt zu »leben«. Er vermag sich mittels logischer Denkprozesse über die Situation hinwegzutäuschen. Wissenschaftliche Untersuchungen haben gezeigt, daß man Tiere (z.B. Affen) dazu abrichten kann, bestimmte Maschinen zu bedienen. Ist sich das Tier aber erst einmal über seine Situation klargeworden, kann nichts und niemand auf der Welt es mehr dazu bewegen, die eingeübten Handgriffe noch zu tun. Es folgt mit dieser ablehnenden Haltung seinem Instinkt. Der Mensch hingegen überlegt sich, wenn er nach jahrelanger stumpfsinniger Tätigkeit seiner Arbeit überdrüssig wird, daß er solchen Regungen besser nicht nachgibt, sondern geduldig die langweiligen und geisttötenden Handgriffe auch weiterhin verrichtet, um nicht seinen Job zu verlieren, d.h. um nicht seine soziale Sicherheit einzubüßen. Ich will damit nicht sagen, daß der Mensch wie ein Tier handeln soll, denn er ist ja nicht nur natur-, sondern auch kulturgebunden; aber er sollte sich der Verhältnismäßigkeit bewußt werden. Ausgewogenheit zu erzielen ist gleichermaßen eine Kunst wie auch ein Problem.

Die Überbewertumg des sozialökonomischen Aspektes unseres kulturellen Bestehens zwingt uns zur Unterdrükkung der natürlichen Aspekte unserer Persönlichkeit.

Daß die Menschheit immer unpersönlicher wird, geht u.a. aus zwei Tatsachen hervor:

1. Mehr und mehr Menschen lehnen sich (glücklicherweise) gegen die Überbewertung der modernen gesellschaftlichen Normen auf. Daß man bei der Suche nach Ausgewogenheit schon einmal von einem Extrem ins andere fällt, ist entschuldbar und eigentlich auch ganz normal, denn man ist des Rationalismus wirklich überdrüssig.

2. Immer mehr Menschen lassen ihre Kreativität ungenutzt und werden unkreativ, sie verarmen innerlich. Das Unterhaltungsüberangebot der Medien, vornehmlich des Fernsehens, und die Fertigprodukte unterstützen diese Entwicklung noch. Dem modernen Menschen wird seine Zerstreuung frei Haus geliefert, er braucht sich dazu gar nichts einfallen zu lassen. Und das, was an »vorgefertigtem Zeitvertreib« offeriert wird, ist auch alles andere als anregend, aber eine sozial akzeptable Lösung – oder?

Und unser Kopf? Wie soll er mit all den Selbsttäuschungen fertigwerden? Wie verkraftet er das?

Treten Kopfschmerzen auf – vom leichten Ziehen bis hin zum Hirntumor –, so müssen wir uns immer vor Augen halten, daß wir überwiegend zu Lasten des Kopfes gelebt und diesen ständig überfordert haben. Bewußtwerdung (das ist etwas ganz anderes als rationale Analyse!) des Verhältnisses zwischen Kultur und Natur, zwischen Kopf- und Bauchdenken ist bei Kopfschmerzen die Voraussetzung für einen Heilungsprozeß.

Menschen, die die Anlage zu einem kräftigen »Bauchdenken« haben, die also phantasiereich, empfindsam, kreativ und erfinderisch sind, werden unter dem Zwang zu rationaler Auseinandersetzung mit den Lebensumständen häufig unter Kopfschmerzen zu leiden haben. Der

Kopf protestiert gewissermaßen dagegen, Arbeit zu verrichten, für die er anlagemäßig nicht prädestiniert ist.

Kopfschmerzen erinnern uns daran, daß eins und eins nicht immer zwei zu sein braucht – um noch einmal darauf zurückzukommen.

Heutzutage leidet man gleichsam an sozial bedingten Kopfschmerzen. Wachsende Kriminalität und sonstige unnormale Verhaltensweisen sind andere traurige Zeiterscheinungen. Der Mensch wird immer berechnender; d.h. sein Denken und Tun wird zunehmend von rationalen Gesichtspunkten bestimmt.

Wenn der Kopf das Herz aussticht – und auf gesellschaftlicher Ebene scheint das gegenwärtig der Fall zu sein –, bleiben die Folgen nicht aus. Der Mensch ist ja nicht für ein Leben geschaffen, in dem alles Denken auf Sicherheiten gerichtet ist. Weshalb müssen wir unseren Kopf damit strapazieren, daß wir vorausberechenbare Ergebnisse erstreben? Selbst die Kirche hat sich zu sehr mit dem »Glaubensergebnis« vergaloppiert (auf die Analogie zwischen zeitgenössischen Machthabern und dem Machtstreben der Kirche wurde bereits hingewiesen). Unser Kopf wird zu Leistungen gezwungen, die zu Lasten unseres Lebens gehen. Wir vermögen mit dem Gehirndenken nicht maßzuhalten und stehen dadurch der eigenen Ausgewogenheit (dem erstrebten Lebensglück) selbst im Wege.

Wieviele Menschen gibt es nicht, die in schöner Regelmäßigkeit jeweils an ihrem Geburtstag die Jahre bis zur Pensionierung zählen: »Und dann ... ja, dann tue ich mal, was mir Spaß macht, dann bin ich endlich frei!« Das hört man solche Menschen sagen. Unwillkürlich kommt einem da der Gedanke, daß dies eine recht teuer erkaufte Freiheit ist.

Kopfschmerzen bringen uns zur Besinnung. Sie geben uns zu erkennen, daß wir unseren Kopf als Teil unserer Gesamtpersönlichkeit sehen müssen. Unser Kopfdenken hat eine begleitende, vermittelnde Funktion. Es stellt die kausalen Verbindungen zwischen den anderen Elementen unseres Seins her. Das ist wichtig und notwendig. Dann nämlich ist das Kopfdenken nicht mehr das Wesentliche unseres Seins und vor allem unseres Könnens. Wir vermögen diesbezüglich viel aus der Wesensart der mythologischen Figur Hermes (Merkur) zu lernen. Er war das Verbindungsglied zwischen den verschiedenen anderen Göttern. Das besagt, er benutzte seinen Einfluß, um das Gleichgewicht zwischen verschiedenartigen Elementen (zwischen den differierenden Persönlichkeiten der einzelnen Götter) herzustellen und zu erhalten. Unser Denken (Merkur) hat einen dienenden Charakter, ohne untergeordnet zu sein. Erst wenn wir uns dessen bewußt geworden sind, werden wir verspüren, daß das menschliche Glück, der innere Friede, nicht als ein Himmel erlebt wird, den uns die Kirche nach einem Leben voller Schwerstarbeit und Disharmonien verspricht. Nein, der richtige Einsatz unseres Denkvermögens wirkt sich in einer Harmonisierung der übrigen Elemente unseres körperlichen bzw. stofflichen Seins aus. Nicht das Resultat eines Denkprozesses, nicht der Wettbewerb samt Belohnung (auf Kosten anderer), sondern das Zusammenwirken und der innere Friede müssen zu Orientierungspunkten unseres rationalen Denkens werden. Dies kommt auch im Ausspruch eines der namhaftesten deutschen Geistlichen, Mystiker und Dichter des 17. Jahrhunderts, Johannes Scheffler, besser bekannt als Angelus Silesius (1624-1677), zum Ausdruck, der sinngemäß so lautet:

Der Weise, wenn er stirbt, verlangt den Himmel nicht,
denn er besaß ihn schon eh' er das Leben ließ.

Die lästigen Kopfschmerzen können also zu unserer Gesundheit beitragen, wenn wir unser kausales Denkvermögen neu bewerten und ihm den Platz einräumen, der ihm eigentlich zukommt.

Nerven

Kosmisches Prinzip: Merkur, Uranus, Saturn, Mond
Zwillinge, Jungfrau

Hier geht es nicht so sehr um die Nerven im physiologischen Sinne, sondern vielmehr um ihren psychischen Aspekt, *um den Menschen als nervöses Geschöpf.* Die menschliche Nervosität wird bestimmt von vier Dingen:

1. vom Denkvermögen (Merkur)
2. von der Erregbarkeit (Uranus)
3. von der Prädisposition für Angstgefühle (Saturn)
4. vom Reaktions- bzw. Widerspiegelungsvermögen (Mond)

Das mikrokosmische Prinzip

Es gibt Leute, die sind so nervös, daß man sie als »wahre Nervenbündel« bezeichnet, und andere (der Draufgängertyp), denen man nachsagt, sie hätten »keine Nerven«. Zwischen diesen beiden Extremen bewegt sich die Nervosität des Menschen. Wesenszüge und Intensität der nervlichen Verfassung sind abhängig von dem Verhältnis der oben genannten vier Gegebenheiten zueinander.

Die *Merkur-Nervosität* zeichnet sich durch besondere *Beweglichkeit* aus. Wir begegnen den von Merkur-Nervosität Geprägten in den ewig Unsteten und Rastlosen. Schnelligkeit, Gewandtheit, rasche Auffassungsgabe sowie Beobachtungsfähigkeit und gutes Kombinationsvermögen sind ihre charakteristischsten Wesenszüge. Diese Menschen wirken auf ihre Umgebung »nervös«. Ihre Kopfschmerzen hängen mit dieser »Nervosität« zusammen. Bei der Merkur-Nervosität spielt das kausale Denken die Hauptrolle. Diese Form von Nervosität unterscheidet sich grundsätzlich von derjenigen, die auf Ängste, unzulängliches Widerspiegelungsvermögen oder unerfüllte Erwartungen (Enervierendes) zurückzuführen ist. Beim Merkur-Typ sind Emotionen kaum an der Nervosität beteiligt – rundheraus gesagt also Nerven ohne Gefühl, ohne Empfindungen.

Anders verhält es sich mit der *uranischen Nervosität.* Sie stellt gewissermaßen den Gegenpol zur Merkur-Nervosität dar. Die Ratio spielt hierbei eine untergeordnete Rolle. *Intuition* ist die Quelle der uranischen Nervosität. Diese Form von Nervosität ensteht dadurch, daß der Betroffene ständig in (zu) gespannter Erwartung lebt. Er lechzt gewissermaßen nach enervierenden Eindrücken; er findet Ruhe in der Unruhe. Die Vertreter dieses Typs wollen – meist unüberlegt – immer etwas erleben. Sie sind sozusagen ständig auf der Suche nach unverhofften Geschehnissen. Merkwürdigerweise haben solche Menschen häufig direkt ein Gespür dafür, wo etwas »passiert«. Körperlich leiden sie nicht selten an Nervenschmerzen, Herzklopfen (Arrhythmien) und Hyperventilation – also Beschwerden überwiegend psychosomatischer Natur.

Die *saturnale Nervosität* kann man eigentlich kaum als

Nervosität im landläufigen Sinne bezeichnen. Sie basiert nämlich auf Ängsten. Nach außen hin tritt sie kaum in Erscheinung. Innerlich äußert sie sich dadurch, daß die Betroffenen zu Schwermut und Gewissensskrupeln neigen. Die saturnale Nervosität ist unflexibel; Angstgefühle hemmen und beschneiden die freie Entfaltung. Im Körper äußern sie sich in verminderter Funktion vor allem der endokrinen Drüsen. Diese erzeugen Hormone (Botschafter), durch die zahlreiche Körperfunktionen gesteuert werden. Die Ängstlichkeit bringt es mit sich, daß der Betroffene keinen großen Wert auf die Körperfunktionen (Bewegung) legt. Er zieht sich gewissermaßen in sein Schneckenhaus zurück.

Die *Mond-Nervosität* schließlich ist emotionaler Art. Sie hängt davon ab, wie stark wir auf die Umstände *reagieren.* Die Umwelt bestimmt in diesem Falle die Intensität der Nervosität. Einen wesentlichen Punkt bildet dabei das Mit-Leid(en). Der Mond-Typ erfährt seine Umgebung weder als rational noch als enervierend oder Ängste auslösend; er erlebt sie vielmehr rein gefühlsmäßig. Das heißt, die Nerven reagieren so, wie der Betroffene seine Umgebung empfindet. Er wird also nervös durch seine inneren Regungen, die durch das ausgelöst werden, was er erlebt. Bei diesem Typ kommt es nicht selten zu Selbstmitleid. Mondnervosität erkennt man an der echten *Ergriffenheit* und *Rührung* dieser Menschen. Körperlich entspricht die *Magen*funktion (siehe dort) dieser Form von Nervosität.

Die Reinform einer dieser vier Arten von Nervosität wird praktisch kaum je einmal vorkommen; sie treten immer zusammen auf. Allerdings kommt es oft zu Schwerpunktbildungen, d.h. eine Art tritt deutlicher hervor, während die anderen latent vorhanden sind.

Das Geburtshoroskop läßt die Situation des Nervensystems erkennen. Wenn eine der genannten kosmischen Kräfte (Planeten) im Geburtshoroskop zu einem disharmonischen Aspekt beiträgt, wird bei dem Betroffenen die entsprechende Form von Nervosität auftreten. In diesem Zusammenhang ist ein Untersuchungsergebnis interessant: Es hat sich nämlich gezeigt, daß bei Personen, in deren Geburtshoroskop der Saturn nicht in Erscheinung tritt, keine (größeren) Angstgefühle aufkommen.

Das makrokosmisch-mythologische Prinzip

MERKUR: Dieses Prinzip wurde bereits bei den Kopfschmerzen besprochen. Ich verweise hier nur noch einmal auf das Zirkulationsprinzip, wie es aus der gleichnamigen mythologischen Gestalt ersichtlich ist. Für einen guten Kreislauf ist Beweglichkeit Voraussetzung. In der Mythologie wird Merkur (Hermes) immer als reger, beweglicher und »nervöser« Gott geschildert..

URANUS: In der griechischen Sage ist Uranus (bzw. Uranos) die Personifizierung des Neuen, Außerordentlichen. Aus der Verbindung von Gäa (Erde) und Uranos (Himmel) gingen die Titanen hervor. Chronos (Saturn), der jüngste von ihnen, verstümmelte seinen Vater. Der Kampf zwischen der Entwicklung des Neuen (Himmlischen) und der Erhaltung des Alten (Irdischen) entspricht ganz dem Kampf zwischen den kosmischen Prinzipien Uranus und Saturn.

SATURN: Die Darstellung des Saturn steht durchaus nicht im Zeichen des *Gewissens,* denn er hatte ja die

Verstümmelung und Vertreibung seines Vaters »auf dem Gewissen«. Bis zu einem gewissen Grade lassen sich sogar zwischen dem Uranos-Saturn-Kampf und der biblischen Erzählung vom Sündenfall Parallelen ziehen. Im Paradies hatte der Mensch »den Himmel auf Erden« (Uranos). Er war ein einpoliges Wesen. Nachdem er von den Früchten des Baumes der Erkenntnis gegessen hatte, vermochte er zwischen »gut« und »böse« zu unterscheiden; er hatte ein Gewissen (Saturn) bekommen. Ähnlich wie Saturn seinen Vater (den Himmel) vertrieben hatte, verlor der Mensch das Paradies auf Erden (den Himmel). Saturn heißt bei den Griechen Chronos. Chronos bedeutet *Zeit.* Und in eben diesem Begriff »Zeit« liegt die Begrenzung und Beschränkung des Menschen. Die harmonische Seite des Zeitbegriffs ist darin zu sehen, daß der Mensch seine *Form* (sein Format) findet. Begrenzung ist nämlich Grundvoraussetzung für Formung und Gestaltung. Die disharmonische Seite der Begrenzung und Beschränkung ist die Angst. Das Gefühl, in Grenzen gehalten zu werden und von der Zeit abhängig zu sein, kann u. U. die Nerven stark belasten.

MOND: Die Mondgöttin der Griechen hieß *Selene.* Über sie weiß man nicht viel, denn es gibt nur ganz wenige Sagen, in denen sie eine Rolle spielt. Bei Homer finden wir sie als Göttin, die mit ihrem freundlichen Schein die Erde erhellt, nachdem sie ihre schöne Gestalt in die Wellen des Meeres getaucht hatte. Später begegnen wir ihr unter dem Namen Artemis wieder in der kleinasiatischen Stadt Ephesus, die ihr wahrscheinlich geweiht war. Bekannt sind auch die *silbernen* Artemis-Tempel. Der rote Faden, der sich durch diese Sagen zieht, steht im Zeichen der Widerspiegelung. Die Mondgöttin spiegelte emotional das Licht Apolls (Sonne) wider. Es war eine Gefühlsmanifestation. Dies können wir daraus ableiten, daß Selene ins Wasser hinabstieg, ehe sie die Erde erhellte. Wasser entspricht der alten Lehre von den Elementen zufolge dem Gefühl (so wie das Feuer der Tatkraft, die Luft dem Denken und die Erde der materiellen Ausrichtung entspricht).

Den »Beweis« für das Widerspiegelungsprinzip finden wir in dem Tatbestand, daß Selene später Artemis hieß und in Relation zum Metall *Silber* gesehen wurde.

Silber ist nämlich analog solchen Begriffen wie »widerspiegeln«, »reproduzieren«, »reagieren« u. dgl. m. Wenn wir dieser Funktion des Silbers einmal nachgehen, so stellen wir fest, daß die Analogie auch in der Praxis zum Ausdruck kommt: Wir versehen ja die Rückseite einer Glasscheibe mit einer Silberschicht und erhalten dadurch einen Spiegel. Im Spiegel (also im Silber) gewahren wir unser Spiegelbild (Widerspiegelung). Wenn wir uns selbst erkennen, so geschieht dies nicht ohne Emotionen. Im Spiegel sehen wir unseren Gesichtsausdruck, wir nehmen unsere Gemütsverfassung wahr, die sich aus unserem Blick ablesen läßt. Und so muß man einer alten Redewendung recht geben, wenn sie die Augen als »Spiegel der Seele« bezeichnet. Die Konfrontation mit unseren Empfindungen und Gefühlsregungen, mit unserem Inneren also, kann zur Quelle neuer Rührungen und Erregungen werden.

Dieses Bild möge verdeutlichen, daß die emotionale Nervosität dem mythologischen Mond-Prinzip entspricht. Über Silber und seine Beziehung zum kosmischen Mond-Prinzip bin ich ausführlicher in meinem Buch *Gesund sein mit Metallen* eingegangen.

Was können wir aus unseren nervös bedingten Beschwerden lernen?

Gemäß den vier genannten kosmischen Prinzipien lassen sich die nervösen Störungen in vier Formen der Bewußtwerdung unterteilen:

1. Merkur-Prinzip: Wenn wir unter den Folgen eines disharmonischen Merkur-Prinzips leiden, sind wir nicht nur ziemlich kausal und rational eingestellt (wie bereits bei den Kopfschmerzen besprochen), sondern auch Bewegungsaspekte spielen eine Rolle, denn der Kreislauf ist oft in Mitleidenschaft gezogen. Je nach den Gegebenheiten vollziehen sich Zirkulationsprozesse im Körper (Blut, Lymphe, Reizleitsystem, Verdauung) zu schnell oder zu langsam. Bei zu schnellem Ablauf läßt sich der Betroffene meist zu sehr von kausal orientierten Kräften antreiben und unter Druck setzen.

Astrologisch Geschulte wird interessieren, daß dies vor allem bei einem eintretenden Merkur-Pluto-Quadrat der Fall ist. Ernsthafte Nervenprobleme als Folge eines Strebens nach Anerkennung seitens der Umgebenden (beispielsweise auf wissenschaftlichem Gebiet) treten dabei oft auf. Wer bei sich derartige Anlagen feststellt, muß sich der Verhältnismäßigkeit der Bewegung (Zirkulation, Kreislauf) bewußt werden. Er muß zu der Erkenntnis gelangen, daß der Mensch nicht ohne Nerven zu leben vermag, daß jedoch bei einer Überlastung des Nervensystems die »Sicherungen durchschlagen«. Menschen, deren Nerven ständig »unter Hochspannung« stehen und bei denen infolgedessen oft die »Sicherungen durchbrennen«, erhalten gerade dadurch die Möglichkeit, sich mit der »Schaltzentrale« (»Sicherungskasten«, Gehirn, kausales

Denkvermögen) kritisch auseinanderzusetzen. Sie werden gewissermaßen gezwungen, dort zu verweilen, von wo aus die »Nervenströme« ihren Umlauf durch den Körper beginnen. Wir brauchen uns freilich nicht lange bei den »durchgeschlagenen Sicherungen« aufzuhalten, sondern sollten besser suchen, wo bei uns der »Stromverbrauch« zu groß ist, der die kontinuierliche »Gesamtversorgung« nicht mehr gewährleistet; wir müssen also herausfinden, wo unser »Nerven-Netz« überlastet ist. Hier muß noch hinzugefügt werden, daß der Verursacher der Überlastung nicht notwendigerweise auch der Schuldige sein muß. Ziehen wir zur Verdeutlichung doch noch einmal einen Vergleich aus dem häuslichen Bereich heran: Wenn in der Wohnung gleichzeitig die Waschmaschine läuft und ein »stromfressender« Heizkörper eingeschaltet ist, dann kann die Sicherung durchschlagen, ohne daß im Grund eines der beiden Elektrogeräte schuld daran wäre. Erst das Zusammenwirken beider Geräte führt zu dem bewußten »Knalleffekt«.

Ähnliches spielt sich auch im Körper ab. Die Nerven wollen nicht über ihre Kapazität hinaus strapaziert werden; das nehmen sie übel. Und das, was man den Nerven zumuten kann, ist beim einen größer als beim anderen. Lassen Sie aber nicht gleich den Kopf hängen, wenn bei Ihnen mal die »Sicherung durchgebrannt« ist. Sie bekommen dadurch die günstige Gelegenheit, einmal der Frage nachzugehen, welche Alltagsaktivitäten die Überlastung herbeigeführt haben könnten. Wir leben ja leider viel zu viel an dem vorbei, was uns tagein, tagaus beschäftigt. In solchen Situationen lernt man einmal die einzelnen Fakten kennen, die insgesamt über das hinausgehen, was die Nerven auszuhalten vermögen; und daraus sollte man eine Lehre ziehen. Denn die Anforderungen, die an unsere Nerven gestellt werden, sind groß. Neue Erkenntnisse über die Nervenkapazität öffnen jedoch ganz neue Perspektiven. Dinge, bei denen wir uns früher übernahmen, und die zu mißlingen drohten, weil wir uns der dadurch verursachten Belastung nicht bewußt waren, können nun zu einem guten Ende gebracht werden, da wir uns jetzt über die Belastbarkeit unseres Nervensystems im klaren sind und nicht mehr alles zugleich anpakken und schaffen wollen. Diese Bewußtwerdung führt zu einer erfreulichen Ausgewogenheit im Bereich der Umstände. Auf den ersten Blick mag eine Nervenkrise recht ärgerlich sein, aber *bei näherem Hinsehen* erweist sie sich doch als gesundheitsfördernd.

2. *Uranus-Prinzip:* Hierbei finden wir eine große Übereinstimmung mit dem Merkur-Prinzip. Ein Unterschied besteht nur im Ausgangspunkt. Ausgangspunkt beim Merkur-Prinzip ist die *Kausalität,* beim Uranus-Prinzip ist es die *Intuition.* In beiden Fällen liegt eine Überbelastung der Nerven-»Drähte« vor, der Bahnen also, durch die die Reize fließen. Trotz weitgehender Übereinstimmung der Auswirkungen beim Merkur- und beim Uranus-Prinzip stehen sich diese doch diametral gegenüber. Man kann ja das Leben nicht ausschließlich durch kausale Denkprozesse gestalten; ebensowenig vermag man es freilich nur auf Intuitionen aufzubauen. Überwiegt das eine oder das andere, so ist das Gleichgewicht gestört. Ein Mensch, der rein intuitiv zu leben versucht, verliert damit jeden Einfluß auf die an Kausalität gebundenen Körperfunktionen. Dies sind insbesondere die Zirkulationsprozesse. Ein unausgewogenes Uranus-Prinzip führt zu Überlastung der Nerven, die sich im menschlichen Körper vor allem im Grenzbereich zwischen stofflichem Sein

(Körper) und Geist äußert, in den Atmungsorganen. (Über diese Thematik lese man die entsprechenden Ausführungen in dem Büchlein *Kräuter für die Atmungsorgane*). Ein Zuviel an Intuition (oder besser Intuition, die zu anderen »Seinsbereichen« in keinem rechten Verhältnis steht) führt zu einer recht enervierenden körperlichen Folgeerscheinung, zu *Hyperventilation*. Hyperventilation beruht auf einer Störung des Atemrhythmus im Sinne einer Überbeatmung der Lunge. Ihre Symptome sind mit denen eines Herzinfarktes vergleichbar. Enorme Nervosität ist die Folge. Ein Mensch, der an uranischer Nervosität leidet, muß lernen, daß die ewige Suche nach Enervierendem und Neuem sowie das Auskosten intuitiver Regungen stets zu einer Art »Japs-Effekt« führt.

Die Praxis zeigt, daß sich die an einen Hyperventilationspatienten gestellte Frage: »Was haben Sie ohne vorherige gründliche Überlegungen eigentlich *zustande gebracht*?« allein schon recht günstig auswirkt. Der Kranke hält dann nämlich den Atem an, um nachdenken zu können. Und genau das ist ein Ansatzpunkt zur Heilung. (Eine Therapie bei Hyperventilation besteht übrigens darin, daß man den Patienten in eine Plastiktüte atmen läßt, damit die Sauerstoffzufuhr gedrosselt wird – neuer Sauerstoff = neue Eindrücke.)

Die Nervosität als Folge zu rascher Atmung (in Übereinstimmung mit der raschen Aufnahme immer neuer Eindrücke) lehrt uns, daß wir auch einmal etwas zu Ende führen sollten, daß wir ferner den Mut aufbringen müssen, Dinge oder Vorkommnisse an uns vorbeizulassen, ohne unsere Nase in alles und jedes hineinzustecken. Ein Mensch, der unter den Folgen uranischer Nervosität leidet, kann lernen, daß ein Hochgefühl der Genugtuung u.U. auch dadurch ensteht, daß man das, was in einer

blitzartigen Eingebung begonnen wurde, auch ruhig, besonnen zu einem befriedigenden Ende führt. Die erzielten Erfolge sprechen für sich.
Alles, was – durch uns inspiriert – zu einem guten Ende geführt wird, trägt den Stempel unserer Persönlichkeit. Es ist eine Lebenskunst, Inspirationen der nüchternen Kausalität anzuvertrauen. Dabei wird allerdings etwas Großes enstehen. Uranische Nervosität kann den Alltag stark belasten. Wird man sich jedoch der Gefahren einer einseitigen Inspiration bewußt, so führt das – unter gleichzeitigem Fortfall der Flatterhaftigkeit – zur Gesundung.

3. Saturn-Prinzip: Nervenbelastungen, die auf diesem Prinzip beruhen, äußern sich vor allem in Angstgefühlen – Angst, weil wir uns mit dem, was wir wissen, schwertun. Die Lehre, die man aus dieser Art Nervosität ziehen kann, beruht auf der Tatsache, daß jedes Wissen verarbeitet und gestaltet werden muß. Weshalb werden wir ängstlich? Weil wir das, was wir wissen, nicht klar auszuformen vermögen. Jemand, der beispielsweise gestohlen hat, kann das Wissen darum nur schwerlich verarbeiten. Er dürfte sich kaum über die sich aus dieser Tat ergebenden Konsequenzen im klaren sein. Ergibt sich eine solche Situation, so kommt es zu einer Überlastung des Bewußtseins. Wirkt sich das Merkur-Prinzip erschwerend negativ aus, so kann der Betreffende zum Gewohnheitsdieb werden. Dann nämlich sind die Nerven, die die Spannungen (Gewissen) auszuhalten haben, stark genug. Ist dies allerdings nicht der Fall, dann werden die Nerven von der Angst überfordert. Für Menschen, bei denen Ängste nervöse Beschwerden hervorrufen, gilt eine alte Volksweisheit, die lautet: »Zünde kein Feuer an, das du nicht löschen kannst.« Mit anderen Worten: Verschaffe dir kein Wissen (Gewissen), das du nicht zu gestalten (verarbeiten) vermagst; tue nichts, was deinem angeborenen Wesen widerspricht. Ein Kind, das sich von klein auf vor Reptilien ekelt, sie weder sehen noch anfassen mag, sollte man nicht mit ins Reptilienhaus des Zoos oder in eine Reptilienausstellung nehmen. Es könnte dadurch nervöse Beschwerden bekommen. Reptilien vereinbaren sich nun mal nicht mit dem Wesen dieses Kindes. Unsere Angst-Nervosität lehrt uns, daß wir nichts unternehmen sollten, was wir nicht zu verkraften vermögen. Jeder Vogel singt, wie ihm der Schnabel gewachsen ist. Geht ihm etwas gegen den Strich, so hört er zu singen auf. Ängste sind recht lästig. Und doch können sie gesund sein, weil wir aus ihnen endlich all das erfahren, was nicht zu uns paßt. Das freilich ist keine feste Größe; denn Dinge, die uns früher zuwider waren, stellen später möglicherweise kein Problem mehr dar. Wir müssen immer mit Änderungen unserer inneren Einstellung rechnen. Werden wir uns jedoch des Gewissens bewußt, löst sich die Angst (Wissen) wie von selbst.

4. Mond-Prinzip: Die bereits erwähnte Beziehung zwischen dem Element Wasser und dem psychischen Faktor Gefühl in Verbindung mit dem kosmischen Prinzip Mond finden wir auch hier wieder. Eine typische Begleiterscheinung der Mond-Nervosität ist es nämlich, daß der Betroffene leicht in *Tränen* ausbricht (Weinen – Wasser). Hier haben wir es also mit einer rein emotionalen Nervosität zu tun. Man reagiert ungewöhnlich stark auf alles, was sich ringsum abspielt. Man ist gewissermaßen ein Gefäß, das sich mit Eindrücken »vollpumpen« läßt.

Es geht dabei also nicht um ein Zuviel an Spannungen,

wie dies bei der Merkur-Nervosität der Fall ist. Das Bild von der »durchgeschlagenen Sicherung« ist bei der Mond-Nervosität nicht angebracht. Man kann sie eher mit einem Tank vergleichen, der mit Wasser (Eindrücken) gefüllt wird. Wenn sich über dem Wasser keine Luftschicht befindet, d.h. wenn der Behälter völlig mit Wasser gefüllt ist, wird es beim weiteren Hineinpumpen von Wasser nicht zu einer Explosion kommen. Dafür entsteht irgendwo in der Kesselwand lautlos ein Riß; und das Wasser, das im Tank keinen Platz mehr hat (das Zuviel an Eindrücken) rinnt durch den Riß ab. Wasser läßt sich ebensowenig wie Gefühle zusammenpressen. Dieses Bild muß man sich bei einer Bewußtwerdung der Mond-Nervosität immer vor Augen halten. Das Weinen ist also ein Zeichen dafür, daß das psychische Fassungsvermögen überschritten worden ist; es gibt keinen Platz mehr für neue Eindrücke. Das Weinen wirkt infolgedessen »befreiend«. Es erfüllt sozusagen die Funktion eines Sicherheitsventils und verhindert, daß der »Emotionenbehälter« Schaden nimmt. Schlimmer wird die Sache, wenn sich – um bei unserem Vergleich zu bleiben – über dem Wasser eine Luftschicht befindet, denn dann kann es zu Überdruck (Spannungen) kommen. In diesem Fall ist das Fassungsvermögen des Tanks gegenüber der Stärke bzw. der Widerstandskraft der Kesselwand von untergeordneter Bedeutung. Bei zu starkem Innendruck, dem die Kesselwand nicht standzuhalten vermag, kommt es zu einer Explosion, die sich bestimmt nicht lautlos vollzieht. Die emotional bedingte Nervosität tritt also in zwei Formen auf:

a) Personen, die stark auf ihre Umstände reagieren, doch die gewonnenen Eindrücke nicht dadurch unter Spannung setzen, daß sie sie mit ihrem Denken (Luft) verbinden, reagieren ein Zuviel an Eindrücken (die ihre Aufnahmefähigkeit übersteigen) dadurch ab, daß sie in Tränen ausbrechen. Häufig weinen sie (scheinbar) ganz unmotiviert, wenn niemand damit gerechnet hätte.

b) Personen, die ihre emotionalen Eindrücke durch Gedankenverbindungen bewahren, wodurch das Fassungsvermögen unter gleichzeitig steigender Spannung überschritten wird. Ist die Belastbarkeitsgrenze erreicht, kommt es dann zu einer explosionsartigen Entladung in Form von *»hysterischen«* Anfällen – keineswegs also »stille Tränen«, sondern Weinkrämpfe, verbunden mit wirrem Gezeter und Gezänk, Beschimpfungen und Anklagen.

Im ersten Fall spielt demnach das Denken keine Rolle; es geht dabei ausschließlich um Gefühle (Wasser).

Im letztgenannten Fall ist neben den Gefühlen auch das Denken von Bedeutung.

Denken (Merkur-Prinzip) entspricht dem Element Luft. Es kommt dadurch zu einer Explosion, daß das Denken (Luftschicht über dem Wasser) flexibler ist (Luft läßt sich komprimieren) als die Gefühle (Wasser). Ist dann die Widerstandsgrenze erreicht, so tritt nicht nur das Zuviel an Gefühlen (Wasser) zutage, sondern auch das unter Druck (Spannung) stehende Denken (die komprimierte Luft). Das dadurch aufkommende psychische Chaos (hysterieartige Zustände) ist mit dem Chaos vergleichbar, welches bei der Explosion des Wassertanks entsteht – um noch einmal auf unser Beispiel zurückzukommen.

Wenn wir durch diese emotionale Form von Nervosität

belastet werden, sollten wir zu der Einsicht gelangen, daß es zwar gut ist, sich den Eindrücken aus der Umwelt zu öffnen, daß man dabei jedoch auch seine persönliche Aufnahmekapazität kennenlernen muß. Hemmungsloser und unkontrollierter Zufluß von Eindrücken bewirkt in jedem Falle eine Unausgewogenheit. Wir müssen uns überdies klar darüber werden, daß unbegrenztes Mit-Leiden nicht nur uns selbst schaden kann, sondern auch anderen. Dem Mitmenschen, der in uns Mitleidsgefühle weckt, ist mit unserem Mit-Leiden (im wortwörtlichsten Sinne) allein nicht geholfen.

Ein gemeinsames Weinen mag recht rührend sein – eine Therapie ist es jedoch nicht. Die Tränen des Leidenden werden durch die Tränen des Mitleidenden nicht getrocknet. Tränen trocknen durch Feuer oder sie versickern in der Erde. Ein Mensch, der nahe am Wasser gebaut hat, sollte sich einmal fragen, ob er mit seinen Tränen (Gefühl) tatsächlich etwas Positives für die Umgebung bedeutet, die Ursache eben dieser Tränen ist.

Weinen ist sinnvoll. Es ist wahrscheinlich eine der tiefgründigsten Äußerungen unseres Gefühlslebens. Durch ein Zuviel an Emotionen, Gefühlen und insbesondere durch ein Zuviel an Tränen verlieren wir allerdings den Boden unter den Füßen. Denn das Tränenwasser mischt sich mit der Erde, so daß sich Schlamm bildet, in dem wir versinken; oder Tränenwasser und Feuer werden zu Dampf, der uns die Sicht nimmt.

Einer, der weint, ist ein gesunder Mensch.
Einer, der weiß, wann er weint, ist ein kluger Mensch.
Einer, der weint, weil er weiß, ist ein weiser Mensch.

Versuchen Sie einmal, über all die inneren Regungen

nachzudenken, die so beschwerlich werden können. Vielleicht trägt das zur Genesung ihrer Nerven bei.

Atmungsorgane

Kosmisches Prinzip: Merkur, Venus, (Persephone)
Zwillinge, Stier, Schütze

Die Atmung können wir als *Bewegungsprozeß* (Zirkulation) auffassen. Dieser Aspekt zählt kosmisch zum Merkur-Prinzip. Es handelt sich dabei um einen physiologischen Vorgang. Die Atmung kann aber auch als tragende Kraft dessen gesehen werden, was wir »zu verkünden« haben. Atem ist das »Medium«, durch das unsere Stimme entsteht. Dieser Aspekt der Atmung fällt kosmisch unter das Venus-(besser Persephone-)prinzip.

Alles, was zu den »oberen Luftwegen« zählt (also Hals, Mandeln, Kehlkopf usw.), gehört auch zum Venus-Prinzip. In den meisten heute verwendeten astrologischen Systemen regiert die Venus das Tierkreiszeichen Stier. Die Neigung Stiergeborener zu Halserkrankungen ist seit langem bekannt. Doch die Tatsache, daß die Venus das Tierkreiszeichen Stier beherrscht, erklärt noch nicht ausreichend die Venus-Hals(Stimme)-Relation. Besser ist es (wie der Astrologe Th. J. Ram vorschlägt), den noch nicht entdeckten Planeten *Persephone* als Stier-Regent anzusehen. In meinem Buch *Gesund sein mit Metallen* habe ich mich weitläufiger über den hypothetischen Planeten Persephone ausgelassen und auch eine Berechnung des Jahres vorgenommen, in dem dieser Planet voraussichtlich entdeckt wird. Beachten Sie beim Hals (Stimme) bitte auch, was im Abschnitt über die Geschlechtsorgane (Sexualität) gesagt wird.

Auf Merkur als Beherrscher der Zirkulationsprozesse bin ich bereits ausführlich eingegangen. Ein- und Ausatmung sind Formen der Spannung und Entspannung. Der alten Lehre von den Elementen zufolge entspricht die Luft (Atem) dem Denken. Eine gesunde Atmung ist also Voraussetzung für einen ausgeglichenen Denkprozeß. Assimilationsvorgänge, wie sie in den Zellwänden der Lungenbläschen und den sie durchziehenden Kapillaren stattfinden, sind eine Besonderheit. Hier wird nämlich der in der Luft enthaltene Sauerstoff den roten Blutkörperchen zugeführt; dabei wird ein und derselbe Stoff (Sauerstoff) von einem Aggregatzustand (gasförmig) in einen anderen (flüssig) überführt. Dieser Vorgang ist dem Merkur-Prinzip wesensverwandt. Anders ausgedrückt: Diese Vorgänge bewirken, daß eine nicht-stoffliche Kraft aus unserer Umwelt (Kosmos) in eine stofflich wirksam werdende transformiert wird. In meinem Büchlein *Kräuter für die Atmungsorgane* habe ich die Lungen als Transformatoren kosmischer Energie ausführlicher behandelt. Unser Hals, und hier wiederum vor allem die *Kehle*, ist Sitz der Stimme. Der Atem übernimmt hier die (weitere) Aufgabe der Stimmbildung. Diese physiologische Funktion untersteht dem Persephone-Prinzip. Die Stimmbildung ist auf zwei sich gegenseitig beeinflussende Kräfte zurückzuführen. Der Atem (als Kraft) bewegt die Stimmbänder, wodurch neue Kraft entsteht. *Wie* diese neue Kraft (die Stimme) allerdings *verwendet* wird, gehört zum Jupiter-Prinzip. Eine Stimme kann überzeugend klingen oder dumpf, schneidend, enttäuscht, rauh oder zaghaft – um nur einige von vielen Möglichkeiten zu nennen. Die Modulation der Stimme hängt von unserem Überzeugungsbedürfnis bzw. vom Inhalt dessen ab, was wir kundtun wollen.

Das makrokosmisch-mythologische Prinzip

MERKUR: Auf das Merkur-Prinzip bin ich bei meinen Ausführungen über den Kopf schon näher eingegangen. Zusammenfassend sei gesagt, daß aus mythologischer Sicht die Funktion des Gottes Merkur im Zeichen des Überbringens, der Zirkulation usw. steht. Damit hängt zusammen, daß Merkur als Götterbote und Gott des Handels und der Diebe dargestellt wird.

PERSEPHONE: Vom Prinzip dieses bislang noch nicht entdeckten Planeten können wir uns dank der mythologischen Überlieferungen schon jetzt ein recht gutes Bild machen. Persephone war die Tochter der Demeter und wurde von Pluto (Hades, Gott der Unterwelt bzw. des Totenreiches) in die Unterwelt entführt. Darüber geriet Demeter in großen Zorn; sie verdammte die Erde zu Dürre und Unfruchtbarkeit. Dies sah Zeus vom Olymp aus und entsandte Merkur mit dem Auftrag zu erkunden, was sich auf Erden zugetragen hatte. Nachdem Merkur dies gehört hatte, vermittelte er zwischen Demeter und Pluto. Diese hatte mittlerweile Persephone zum Weibe genommen, willigte aber schließlich ein, daß sie für die meiste Zeit des Jahres wieder zu ihrer Mutter auf die Erde zurückkehrte und nur den kleineren Teil bei ihm in der Unterwelt zu bleiben brauchte. Hervorzuheben ist an dieser Geschichte, daß Pluto unter Persephones Einfluß milde gestimmt wurde, seine ursprünglich unerbittliche Haltung aufgab und sich zum Kompromiß bereit fand. Es

Hippokrates (490–395 v. Chr.)

Links unten:
Dr. S. F. Chr. Hahnemann (1755–1843)

Rechts unten:
Prof. Dr. S. Freud (1856–1939)

Zeus (Jupiter) –
Ende des 6. Jahrhunderts v. Chr.
Athen, Nationalmuseum

Hermes (Merkur)
Ende des 6. Jahrhunderts v. Chr.
Boston, Museum of Fine Arts

Poseidon (Neptun) – Anfang des 5. Jahrhunderts v. Chr.
Oxford, Ashmolean Museum

Ares (Mars) – 1. Hälfte des 6. Jahrhunderts v. Chr.
Florenz, Museo Archeologico

Aphrodite (Venus) – 5. Jahrhundert v. Chr.
Paris, Louvre (Photo Chuzeville)

Apollo(n) – (Phöbus, Verkörperung der Sonne)
5. Jahrhundert v. Chr.
Würzburg, Wagner Museum

Demeter (Ceres, Mutter der Persephone)
5. Jahrhundert v. Chr.
Eleusis, Museum (Photo Alinari)

Artemis (Diana, Verkörperung des Mondes)
Anfang des 5. Jahrhunderts v. Chr.
München, Antikensammlungen (Photo Wehrheim)

fällt auf, daß Merkur hier eine Vermittlerrolle spielte, d.h. daß es durch ihn zur Aussöhnung von Demeter und Pluto kam und dieser als Persephones Gemahl anerkannt wurde. Merkur ist eine Kraft, die eine neue Kraft (Persephone) wirksam werden läßt, ganz so wie mittels des Atems (Merkur) die Stimme (Persephone) eine neue Kraft wird. Die Ehe von Pluto und Persephone läßt sich mit der Beziehung vergleichen, die im menschlichen Körper zwischen Geschlechtsorganen und Hals (Kehle) besteht. Pluto verkörpert die Unterwelt, aber auch die Libido sexualis (wie Freud sich ausdrückte) und findet sein Gleichgewicht im Oppositionszeichen (seinem Gegenteil).

In der Astrologie gilt Pluto als Regent des Tierkreiszeichens Skorpion. In Opposition zum Skorpion steht das Tierkreiszeichen Stier. Für die Gesetzmäßigkeit, daß Ausgewogenheit in den Wesenszügen des Gegenteils zu suchen ist, finden sich in Natur und Kultur zahllose Beispiele. Aus dieser Gesetzmäßigkeit läßt sich auch ableiten, daß nicht die Venus das Tierkreiszeichen Stier regiert, sondern Persephone. Durch Persephones Einfluß wurde Pluto ausgeglichener. Es fällt auf, daß sie immer mit einem besonders langen, schlanken Hals dargestellt wurde, so als wollte man dadurch betonen, daß zwischen Persephone und der Halspartie eine Relation bestehe. Ein Vergleich mit Darstellungen anderer Götter und Göttinnen räumt jeden Zweifel an der Richtigkeit dieser Behauptung aus; *das* kann kein Zufall sein.

Auf das Jupiter-Prinzip gehe ich ausführlicher im Abschnitt über Leber und Galle ein, da es für die Atmungsorgane nur von untergeordneter Bedeutung ist. Wir können allerdings schon darauf hinweisen, daß Jupiter (bei den Griechen Zeus) der höchste Gott war, der

Herrscher sowohl über die Oberwelt als auch über die Unterwelt, den Hades. Sein Wort (Überzeugungskraft) war vielfach Gesetz. Die Argumentationsstärke des Menschen, die mehr oder minder in seiner Stimme zum Ausdruck kommt, hängt von der Stellung des Jupiter im Geburtshoroskop ab.

Schließlich ist noch eine Besonderheit erwähnenswert, die astrologisch Beschlagene interessieren wird: Ein von Pluto und Merkur gebildeter »Spannungsaspekt« führt immer zu einer »legalisierten Persephone«. Damit will ich sagen, daß das Ergebnis der (mythologischen und im Zeichen einer gewissen Spannung stehenden) Vermittlungsversuche des Merkur sich in Phänomenen äußert, die dem Persephone-Prinzip entsprechen – u.a. in Form von gewandten Rednern oder Schriftstellern. Die Analyse einer großen Zahl von Horoskopen bestätigt dies.

Was können wir aus Beschwerden im Bereich der Atmungsorgane lernen?

Lungen- und Bronchialprobleme treten insbesondere bei solchen Personen auf, bei denen sich der Assimilationsprozeß nur unzureichend vollzieht. Die Interaktion zwischen den Aggregatzuständen verläuft nicht so, wie sie es eigentlich sollte (Atem bleibt Atem, und Blut bleibt Blut). Dadurch kommt es zu einem Überschuß an Atem (Luft, Denken) gegenüber einem Sauerstoffmangel im Blut. Psychisch äußert sich das in großer Lernbegierde und dem Bestreben, aus dem Intellekt heraus leben zu wollen. Dies führt unweigerlich zu einer Überlastung der Lungen. Der Mensch lebt ja nicht allein vom Brot, sondern auch von der Atemluft. Dem Intellektuellentyp begegnen wir gar nicht so selten. Er ist meist blaß (Zeichen der »Blutarmut«, weil durch unzureichene Assimilationsprozesse in den Lungenbläschen das Blut nur mangelhaft mit Sauerstoff versorgt wird) und zeigt sich den »irdischen Freuden« im allgemeinen weniger zugetan.

Bei allen Beschwerden im Bereich der Lungen und Bronchien müssen wir – besonders wenn wir entsprechend veranlagt sind – bedenken, daß bei uns die »obere Hälfte«, der Denkpol, überbetont ist. In diesem Zusammenhang fällt mir eine kleine Episode ein: Ein Bekannter mit sehr anfälligen Luftwegen sah einem Bauern zu, der gerade seine Weide düngte. Er als Intellektueller sah auf diese Landarbeit gewissermaßen von oben herab, zumindest befremdete ihn das alles ein wenig. Da blieb der Bauer auf einmal vor ihm stehen, blickte ihn unter seinem Mützenschirm hervor tief in die Augen und meinte: »Jaja, mein Freund, das müssen Sie auch noch lernen – manches im Leben ist zwar Mist, aber auf dem Mist da wächst auch alles. Das lassen Sie sich man von 'nem Bauern gesagt sein!« Eine stärkere Lösung vom Zwang des Intellekts ist mir selten vorgekommen. Wenn die Sprache des einfachen Mannes auch ungeschliffen war, so besaß sie doch einen geradezu einmaligen therapeutischen Wert. Der Lungenkranke muß lernen, seine stoffliche Existenz in seine gesamte Lebenssituation zu integrieren. Irgend jemand hat einmal zu mir gesagt: »Ein Bauer (als Sinnbild des Stofflichen) und ein Pastor (als Sinnbild des Geistigen, des Intellekts) können einen Gottesdienst zum Erlebnis werden lassen.« Ja, die beiden wiegen einander auf und stellen das rechte Gleichgewicht her.

Für die Ursache von Halserkrankungen läßt sich keine allgemeingültige Regel aufstellen. Lungen- und Bronchialbeschwerden wurzeln meist in einer Vernachlässigung des Stofflichen (des Lebenspoles) unter gleichzeitiger Überbewertung des Intellekts. Bei Halsbeschwerden spielt vor allem die Außerachtlassung der Geschlechtsorgane eine Rolle. Häufig findet man bei Kindern eine Neigung zu Halsleiden als Folge einer schlechten Versorgung der Geschlechtsorgane. Ferner trifft man Halsprobleme bei Menschen (auch im Kindesalter) mit unausgeglichenem Sexualleben an. Vielfach wird alles Körperliche (u.a. auch Sexuelles) verdrängt. Bei Lungen- und Halsproblemen sollte man sich einmal mit seiner »Unterwelt«, dem Lebenspol, dem stofflichen Aspekt des Seins, befassen. Eine Erkrankung der Atemwege ist besonders lästig. Doch eine solche Erkrankung kann dann »gesund« sein, wenn wir bereit sind, aus den Beschwerden etwas zu lernen. Die größte Lehre, die wir aus den (intellektbedingten) Erkrankungen der Luftwege ziehen können, drückte der im 6. Jahrhundert vor Christus lebende Philosoph Lao-tse in seiner Schrift *Tao-te king* so aus:

»Um das Nichtwissen zu wissen[1], ist hoch.
Um das Wissen nicht zu wissen[2], ist eine Krankheit.
Wer an einer Krankheit krankt, ist nicht krank[3].
Der Weise ist nicht krank, weil er an einer Krankheit krankt.
Deshalb ist er nicht krank.«

1) Was über dem Wissen steht, die Analogie, die Beziehung der Dinge untereinander.
2) Nicht zu wissen, was Wissen eigentlich ist.
3) Wer Krankheit kennt und ihrer überdrüssig ist, ist gewissermaßen schon geheilt. Sokrates nannte sich weiser als die anderen, weil ihm bewußt war, daß er nichts wußte.

Mit diesen Worten gab uns Lao-tse den Schlüssel zum Geheimnis, das in der Harmonie zwischen Körper und Geist liegt.

Herz und Kreislauf

Kosmisches Prinzip: Sonne, Merkur, Mars
Löwe, Zwillinge, Widder

Das Charakteristische unseres Herzens geht aus der Symbolbedeutung des makrokosmischen bzw. mythologischen Begriffs Sonne bzw. Apoll hervor. Die Bewegung des Blutes (Zirkulation) ist ein Merkur-Prozeß. Das Blut selbst (als Substanz) hingegen ist u.a. ein Phänomen des Mars-Prozesses.

Das mikrokosmische Prinzip

Blut ist der stoffliche Vertreter unseres ganz individuellen Seins. Es hat schon seinen Grund, daß die Philosophen des Altertums im Blut die Verstofflichung unseres Geistes gesehen haben (und diese Auffassung ist immer noch aktuell!). Blut ist also Träger des Geistes. Und so ist es denn auch nicht weiter verwunderlich, daß manche Menschen während einer Bluttransfusion ganz merkwürdige Erlebnisse haben: Fetzenhaft tritt etwas von dem ureigensten Wesen des Blutspenders in den Körper des Empfängers über. In diesem Zusammenhang wäre es interessant, einmal der Frage nachzugehen, inwieweit eine »Abwehrreaktion« des Empfängerkörpers von der andersgearteten Persönlichkeit des Spenders abhängig ist. Aufschlüsse könnten die jeweiligen Geburtshoroskope geben. Leider dürften sich kaum einmal Krankenhausärzte zur Durchführung einer solchen (a-kausalen und in den Augen der Schulmedizin unwisschenschaftlichen) Untersuchung bereitfinden.

Blutarmut, sofern sie auf zu niedrigem Hämoglobingehalt beruht (Hämoglobin ist der eisenhaltige rote Blutfarbstoff), entsteht dadurch, daß ein Konflikt zwischen unserem ureigensten Wesen (kosmisch: Sonne) und unserer Tatkraft, unserer Energie (kosmisch: Mars) besteht. Eine ungünstige Marsstellung im Geburtshoroskop läßt auf eine gewisse Neigung zu Blutarmut schließen. Man kann die Blutarmut als eine Form von »Ich-Schwäche« auffassen. Die Assimilation zwischen kosmischer Energie (Sauerstoff) und stofflicher Energie (Blut) ist dabei gestört. Blutarmut geht immer Hand in Hand mit einer gewissen Lustlosigkeit und Schlaffheit. Der Betreffende ist zu schwach, um den Umständen gewachsen zu sein, die seinem »Ich« eine Reaktion (eine Tat) abverlangen. Eine harmonische Sonne-Mars-Konstellation im Geburtshoroskop bewirkt demgegenüber »Vollblütigkeit«. Psychisch kommt dies dadurch zum Ausdruck, daß sich Geisteskraft in Taten zu äußern vermag.

Kreislaufstörungen beruhen zumeist auf Disharmonien zwischen dem *kausalen Denken* (Merkur, Zirkulation) und dem *ureigensten Ich* (Sonne, Ego, Blut als Träger, Geist). Kernpunkt ist dabei das Herz, denn es ist gewissermaßen die »Zentrale unseres ureigensten Ichs«.

Den Kopf haben wir mit einer elektrischen Schaltzentrale verglichen, die Nerven mit den Drähten. Im Kopf ist also die Zentrale des kausalen Denkens ansässig. Das Herz hingegen stellt die Zentrale unseres Blutgefäßsystems dar, so daß man es als Mittelpunkt des ureigensten

Ichs ansehen kann. Kommt es an diesem Punkt zu Störungen, so wirkt sich das auf das gesamte Blutgefäßsystem aus.

Herzbeschwerden lassen sich in zwei große Gruppen einteilen, nämlich in

a) die organischen Beschwerden und in

b) die Beschwerden, die dadurch verursacht werden, daß die Blutgefäße einen Mangel aufweisen.

Zu a) zählen die organischen Herzschäden wie Herzklappenanomalien, defekte Herzscheidewände (Foramina), Störungen des (herzbezogenen) Reizleitsystems usw. Dadurch kann der Blutkreislauf u.U. erschwert werden. Solche Schäden sind meist angeboren (die Ursache ist dann stark karmisch bedingt).

Die unter b) genannte Situation tritt u.a. beim Herzinfarkt und bei Angina pectoris ein, weil dabei die Gefäße so geschädigt sind, daß sie dem an sich organisch gesunden Herzen nicht genügend für seine Arbeit benötigte Nährstoffe zuführen können.

Wenn es um die erstgenannten Herzmißbildungen geht, kann man von einer anlagebedingten schweren Disharmonie des ureigensten Ichs sprechen. Im letztgenannten Fall, bei den funktionalen Störungen also, sind es Elemente unseres Wesens (Charakters), die den Sitz unseres ureigensten Ichs (Herz) disharmonisch beeinflussen. Beim Herzinfarkt beispielsweise geht es um eine Disharmonie zwischen Merkur (kausales Denken) und Sonne (ureigenstes Ich). Hier liegt eine ernsthafte Zirkulationsstörung vor, die schlimmstenfalls sogar zum Erliegen der Herztätigkeit führen kann. Vergleichen wir die kosmische Situation mit der der Metalle unter besonderer Berücksichtigung der körperlichen Symptome, so stoßen wir auf die interessante Tatsache, daß sich *Gold* (das der

Sonne und dem Herzen entspricht) nur in *einem* anderen Metall »löst«, in *Quecksilber.* Quecksilber entspricht dem Merkur, dem kausalen Denken. Seine Beweglichkeit deutet auch auf ein Charakteristikum des Merkur-Prinzips hin, auf die Zirkulation. Diese Fakten habe ich ausführlicher in meinem Buch *Gesund sein mit Metallen* besprochen. Beim Herzinfarkt liegt somit keine organische Schädigung des Herzens selbst (Sonne) vor, sondern eine Verengung der das Herz mit »Nahrung« versorgenden Blutgefäße (Merkur). Das kausale Denken (Merkur) »behindert« das Herz (Sonne). Die Disharmonie zwischen der »Stimme des kausalen Denkens« (Merkur, Quecksilber) und der »Stimme des Herzens« (Sonne, Gold) kann also zu einem Herzinfarkt führen (der gewissermaßen einen partiellen Gewebetod darstellt, welcher die Herzfunktion – zumindest teilweise – zum Erliegen bringt), wenn wir uns zu stark vom kausalen Denken beherrschen lassen. Schematisch dargestellt, erhalten wir demnach folgendes Bild:

Kosmisch:	Merkur	Sonne
	↓	↓
Physisch:	Gehirn	Herz
	↓	↓
Psychisch:	kausales Denken	ureigenstes Ich persönliche Wahrhaftigkeit
	↓	↓
Metall:	Quecksilber	Gold
	↓	↓
Salze	Kalium-Chlor- Verbindungen Kalium-Schwefel- Verbindungen	Magnesiumver- bindungen

Wenn das Merkur-Prinzip (mittlere Reihe) vorherrscht, geht dies zu Lasten des Sonne-Prinzips (rechte Reihe), so daß dieses unterliegt und gewissermaßen »aufgelöst« wird.

Zuviel Gehirnfunktion ⟶ Herzinfarkt

Zuviel kausales Denken ⟶ Verlust des ureigensten Ichs

Quecksilber ⟶ »löst« Gold

Kalium ⟶ blockiert im Körper die Aufnahme von Magnesium

Überall gibt es Zusammenhänge. Nichts beruht auf sich. Das zu erkennen müssen wir nur wieder lernen. Angina pectoris ist u.a. die Folge von Konflikten zwischen Sonne und Saturn. In diesem Falle kommt es *nicht* zu Störungen des Blutkreislaufes *im Herzmuskel selbst*, sondern zu einer Verengung der großen Gefäße, die das Herz mit Blut versorgen. Vor allem die Arteria coronaris läßt bei Angina pectoris nicht mehr genügend Blut durch. Dies entspricht ganz dem Saturn-Prinzip. Bei den Ausführungen über die mythologische Bedeutung dieses Planeten komme ich darauf noch zurück.

Das makrokosmisch-mythologische Prinzip

SONNE: Vom naturwissenschaftlichen Standpunkt aus ist die Sonne der wichtigste »Planet«. Alles dreht sich um sie – sowohl im buchstäblichen als auch im übertragenen Sinne. Ursprünglich, d.h. bevor es die Naturwissenschaften als Disziplin überhaupt gab, war die Sonne zwar auch ein wichtiger Himmelskörper, doch maß man ihr noch nicht die Bedeutung wie heute zu. Die Sonne wird seit unvorstellbar langer Zeit schon als makrokosmische Analogie des »ureigensten Ichs« allen Lebens gesehen, das Teil unseres geistigen Seins und im Herzen ansässig ist. Zahlreiche Redewendungen deuten ja darauf hin, z.B. »sein Herz sprechen lassen«, »aus seinem Herzen keine Mördergrube machen«, »jemanden in sein Herz schließen«, »sein Herz ausschütten« u. a. m. In solchen Redensarten könnte man das Wort »Herz« auch durch »ureigenstes Wesen« oder »ureigenstes Ich« ersetzen. Daraus läßt sich folgern, daß bis zum Aufkommen der Naturwissenschaften das Herz bzw. die Sonne bzw. das ureigenste Ich gleichberechtigtes Glied im Gesamtgefüge aller Eigenschaften und Fähigkeiten war, die die »Funktionstüchtigkeit« eines Menschen ausmachen. Mythologische Überlieferungen erhärten die Richtigkeit solcher Schlüsse.

Das kosmische Prinzip Sonne finden wir in den alten griechischen Sagen als *Helios* wieder. Helios, der Gott, der dem Mythos zufolge in seinem vierspännigen Sonnenwagen von Ost nach West über den Himmel fährt, wurde auch der *Allsichtige* genannt. Sein Licht drang in die entlegensten Winkel; nichts blieb ihm verborgen; er »brachte ans Licht«, was verhüllt und unsichtbar gewesen war. Helios war der einzige Gott, der zum *Kern der Dinge*, zum *Wesentlichen*, vorzudringen vermochte, zum Herzen.

Man sollte nun meinen, Helios sei der oberste oder doch zumindest ein sehr bedeutender Gott gewesen. Das ist aber nicht der Fall. Man war sich seinerzeit noch nicht der Tatsache bewußt geworden, daß die Sonne ja der Mittelpunkt unseres Sonnensystems ist. Das »Ich« des Menschen von damals stand noch in einem ausgewogenen Verhältnis zu seinen sonstigen Eigenschaften und Fähigkeiten.

Als man dann jedoch der analogen Denkweise den Rücken kehrte und sich der kausalen befleißigte (das war der Zeitpunkt, von dem ab die Naturwissenschaften ihren Höhenflug antraten), änderte sich auch die Einstellung des Menschen zu seinem Ich, zu seinem ureigensten Wesen.

Die Bewußtwerdung des *heliozentrischen* Systems läuft synchron mit der Entwicklung der menschlichen Egozentrik. Die Sonne wurde für den Menschen zum Mittelpunkt, um den die anderen Sterne kreisen; das Ich des Menschen wurde aus seinem Verbund gelöst und in den Mittelpunkt der menschlichen Existenz gestellt. Kulturphilosophisch zeichnet sich diese Wandlung ganz deutlich ab. Man denke nur an die Tatsache, daß diese Bewertungsänderung kosmischer und menschlicher Prinzipien in einem geschichtlich besonders markanten Augenblick stattfand, nämlich auf der »Bruchfläche« (wie Jan Romein sich ausdrückte) zweier gigantischer Zeitepochen – der alten Geschichte (bis ins Mittelalter hinein) und der neuen Geschichte, deren Beginn man zeitlich gleichsetzen kann mit dem Beginn des Aufschwungs der Naturwissenschaften, der noch immer im Gange ist.

Wahrscheinlich stimmt die griechisch-mythologische Einstellung zur Sonne als kosmischem Prinzip mehr mit den harmonischen, natürlichen Gesetzmäßigkeiten überein als die der Naturwissenschaftler, die der Sonne eine Zentralstellung einräumen. In den alten Philosophien erkennt man eine Ausrichtung des menschlichen Ichs (Sonne) auf seine Funktionstüchtigkeit im Gesamtgefüge aller Dinge. Das Ich gilt hier nicht um seiner selbst willen, sondern stellt nur ein Glied eines vollwertigen Ganzen dar. Die Denker des Altertums waren sich offenbar sehr wohl der Gefahren bewußt, die mit der Heraushebung des Ichs aus den anderen Aspekten unseres Seins verbunden sind.

Ein moderner Denker, der Niederländer Feitse Boerwinkel, führte die Begriffe »Inklusiv- und Exklusivdenken« ein. Projizieren wir diese nun auf die oben geschilderte Situation, so kann man die alte Einstellung als inklusiv bezeichnen, denn es ging dabei ja nicht um den Ausschluß anderer Eigenarten und Fähigkeiten. Von dem Zeitpunkt aber an, da man die Sonne bewußt als Mittelpunkt unseres kosmischen Systems sah, wurde das Ich exklusiv. Dieses gewissermaßen isolierte exklusive Ich ist immer bestrebt, die anderen Elemente des menschlichen Seins als *minderwertig* hinzustellen. Mit den Naturwissenschaften zugleich entwickelte sich etwas, das man bis dato nicht gekannt hatte – die Zentralisierung des individuellen Ichs zu Lasten der Harmonie des Gesamtindividuums.

Was können wir aus Herz- und Kreislaufbeschwerden lernen?

Die Lehre, die wir aus unseren Herz- und Kreislauferkrankungen ziehen können, hängt – wie aus dem Vorausgegangenen ersichtlich – auf jeden Fall mit der Bewußtwerdung des eigenen Ichs, des ureigensten Wesens, zusammen. Gleich an welcher Herzkrankheit oder an welchen Kreislaufbeschwerden wir leiden, müssen wir uns vor allem fragen, inwieweit eine Disharmonie bestanden hat oder noch besteht zwischen der Bewertung des Ichs und der der anderen Seiten unseres Seins. Ganz allgemein können wir sagen, daß das Herz nicht mehr die Stellung einnimmt, die ihm an sich zukäme. Wir werden heutzutage so vom Verstandesdenken beherrscht, daß unserem Herzen, unserer persönlichen Wahrheit, Gewalt angetan wird. Man hat das Herz – bildlich gesprochen – durch kausales Denken aus der Kreislinie entfernt und auf eine Gerade plaziert. Es muß nun gleichsam so geradlinig wie unser Denken tätig sein; und dazu ist es (körperlich wie symbolisch) nicht geschaffen. Die derzeit so häufig auftretenden Herzinfarkte sind vom kosmischen Standpunkt aus gesehen die Folge eines Konfliktes, einer Disharmonie zwischen Merkur und Sonne, zwischen Quecksilber und Gold, zwischen Verstandesdenken und ureigenstem Ich. In diesem Zusammenhang sei die Bemerkung erlaubt, daß ein extrem kausal denkender Mensch auf seine Mitmenschen vielfach »herzlos« wirkt. Ein ausgeprägtes Gefühl für die wesentlichsten Dinge des Lebens geht diesem Typ meist ab. Wer sein Herz (sein ureigenstes Ich) nicht *mit*wirken läßt in der Totalität des menschlichen Seins, sondern es mit Hilfe kausaler Denkprozesse zu einem Egozentrum macht, zu einem Ich-Mittelpunkt, der wird erfahren, daß das Herz dagegen »protestiert«. Sobald der Kopf (Merkur) das Herz (Sonne) dadurch verunsichert, daß er ihm einen Platz zuweist, der sich nicht mit seinem Wesen vereinbaren läßt, wird man feststellen, daß das Herz so reagiert wie Gold, wenn es mit Quecksilber in Berührung kommt; es »löst sich auf«. Als erster zog der Philosoph René Descartes (1596-1650) Konsequenzen aus dem »neuen« heliozentrischen

System, als er sagte: »Cogito ergo sum« (ich denke, also bin ich). Ins Kosmische übertragen, heißt das soviel wie: »Ich verfüge über Merkur, über kausales Denken, also verfüge ich auch über eine Sonne, ein Herz, ein Sein.« Obwohl der Ausspruch Descartes ganz im Geiste seiner Zeit (und der unseren!) erfolgte, müssen wir uns doch fragen, ob dieser Satz – abgesehen von seiner logischen Richtigkeit – wohl besonders viel zu einer ausgeglichenen, harmonischen Persönlichkeit beitragen mag. Wer nämlich das Sein vom Denken abhängig macht, disqualifiziert nicht nur das Sein, sondern mißt auch zugleich dem Denken einen Wert bei, der ihm – verglichen mit Harmonie und Ausgewogenheit – nicht zukommt.

Wir können also aus unseren leidigen Herz- und Kreislaufbeschwerden lernen, daß wir den Mut aufbringen sollten, wieder das zu tun, *was uns das Herz eingibt.* Bei der praktischen Durchführung unseres Vorhabens können wir dann getrost den Verstand (Merkur-Prinzip) einschalten. Unsere physischen und psychischen Charakterstärken sollten ja gemeinsam wirken und nicht eine zu Lasten der anderen. Wenn wir so die Probleme angehen, dürfte das zu unserer Gesundheit beitragen.

Wirkliche Lebensfreude erfährt man nicht mit dem Verstand, was sich auch aus der Redewendung erkennen läßt, daß »einem das Herz vor Freude in der Brust hüpft«. Kirchliche Dogmen und Schriftauslegungen haben dazu geführt, daß uns ein Großteil der kosmischen Weisheiten – wie wir sie in der Bibel finden – nicht mehr zugänglich bzw. verlorengegangen ist. Denn nicht nur die griechische Mythologie erläuterte und verkörperte kosmische Prinzipien, auch in der Bibel geschieht dies immer und immer wieder. Am prägnantesten kommt das oben Besprochene in folgenden Zeilen zum Ausdruck:

Ich danke dir von ganzem Herzen; vor den Göttern will ich dir lobsingen. *(Psalm 138,1)*

Daraus geht folgendes hervor:

1. Freude entwickelt man nicht mit dem Verstand, sie kommt vielmehr aus dem Herzen.
2. Freude ist nicht die Folge einer egozentrischen Manifestation, man erfährt sie vielmehr »vor den Göttern«.
3. Das Herz schlägt harmonisch (was sich in der Freude zeigt), *weil* die »Götter« gegenwärtig sind.

Das Herz (als kosmisches Prinzip, als Gottheit, als Teil unseres Seins) erlebt also Freude, wenn es sich im Kreise anderer kosmischer Prinzipien weiß, zu denen es gehört – im Kreise der *Götter,* der physischen und psychischen Anteile an unserem Sein. Nicht eines also zu Lasten der anderen, sondern ein Lobsingen (Freude erleben) in Gegenwart der Götter (der anderen Glieder unseres Seins)! Wunderbar, daß man solche Urweisheiten, die Anleitungen fürs Leben geben, in einem vielfach so »theologisierten« Buch findet, wie es die Bibel geworden ist!

Glücklicherweise lassen sich zwei Menschen, die sich innerlich verbunden fühlen, nicht ausschließlich vom Verstand lenken, sondern »ihre Herzen finden zueinander« – wie man auch heute noch sagt. Wenn wir unser Herz hingeben, lebt die griechische Mythologie wieder auf und wird Wirklichkeit: Wir werden füreinander zum Helios, zum Lichtbringer.

Drum *laßt euer Herz sprechen – und nicht zu knapp.*

Magen-Darm-Trakt

Kosmisches Prinzip: Mond, Merkur, Pluto, Saturn
Krebs, Jungfrau, Skorpion

Wir müssen hier zwischen Magen, Dick- und Dünndarm unterscheiden. Der Magen und der dort stattfindende Verdauungsprozeß sind Phänomene des Mond-Prinzips. Der Dünndarm ist dem Merkur-Prinzip und dem Tierkreiszeichen Jungfrau zuzurechnen. Und das, was sich im Grim- bzw. Dickdarm abspielt, entspricht dem Tierkreiszeichen Skorpion und seinem Regenten Pluto.

Das mikrokosmische Prinzip

Kausal gesehen dient der Magen-Darm-Trakt der Verdauung der Nahrung. Daß diese von der Schulmedizin gegebene Definition nicht ganz korrekt ist, geht aus der Tatsache hervor, daß nicht alles, was in den Magen gelangt, als Nahrung bezeichnet werden kann. Im Gegenteil. Vieles in unseren Speisen ist wirklich nicht mehr zu den Lebens-Mitteln zu zählen. Manche Bestandteile schaden der Gesundheit mehr als sie zum Aufbau des Körpers beitragen. In diesem Licht erscheint mir die medizinische Darstellung der Magen-Darm-Trakt-Funktion ein frommer Wunsch – heute mehr denn je; Zucker, Erfrischungsgetränke, zuviel Fleisch, Fertiggerichte, Konserven und die zahllosen »Snacks« sind ja mehr Magenfüller als Nahrung.

Zur Schilderung der Funktionen des Magen-Darm-Traktes muß ich weiter ausholen. Wie bereits erwähnt, hat man auch hier zwischen einem physischen und einem psychischen Faktor zu unterscheiden, die auf analoger Basis miteinander verwandt sind. Wir brauchen nämlich zu einem harmonischen Leben nicht nur stoffliche, sondern auch geistige Nahrung. Letztere besteht in den *Eindrücken*, die wir Tag für Tag gewinnen. Unzählige Begebenheiten spielen sich um uns herum ab und stillen unseren »geistigen Hunger«. Analog dazu verläuft die physische Ernährung. Man könnte also sagen, daß der Magen-Darm-Trakt die »stofflichen Eindrücke« zu verarbeiten bekommt. So wertvoll wie ein gutes Buch für den Geist ist beispielsweise ein Apfel für den Körper. In beiden Fällen sind sozusagen »Eindrücke zu verdauen«. Die psychischen Eindrücke, die ein Mensch gewinnt, müssen nicht zwangsläufig zur Erlangung oder Wahrung des inneren Gleichgewichts führen. Häufig erhält man auch – ungewollt oder gesucht – Eindrücke, die die psychische Seite unseres Menschseins eher schädigen als harmonisieren. Dies gilt für die körperliche Situation gleichermaßen.

Bei der Behandlung der verschiedenen Arten von Nervosität habe ich bereits auf das Mond-Prinzip hingewiesen. Seine unausgewogene Form, die dadurch entsteht, daß *zu* viele Eindrücke zu verarbeiten sind, zeigt sich körperlich in Magenschwäche. Der Magen ist dann außerstande, die aufgenommene Nahrung (stoffliche Eindrücke) vollständig zu verarbeiten. Vielfach stellt man eine weitgehende Übereinstimmung (Analogie) zwischen dem fest, was psychisch nicht vertragen wird, und dem, was dem Magen so schwer zu schaffen macht. Wenn wir beispielsweise einem Typ begegnen, der für uns – Verzeihung! – »zum Kotzen« ist, dann reagiert möglicherweise der Magen entsprechend. Wir geraten psychisch aus dem Gleichgewicht, und der Magen verhält sich analog dazu;

uns wird übel. Fröhliche Menschen hingegen (worunter hier solche zu verstehen sind, die auch mal einen Knuff vertragen), verkraften ihre Erlebnisse (psychische Eindrücke) im allgemeinen besser und haben infolgedessen auch kaum einmal Verdauungsprobleme. Der Magen reagiert auf seine Eindrücke (die Nahrung) »fröhlich«. So erklärt es sich auch, daß fröhliche Menschen in der Regel etwas korpulent sind. Bei ihnen läuft die Verdauung problemlos ab. Alle Eindrücke werden gut verarbeitet. Schlimmer wird die Sache erst, wenn jemand dick ist, ohne zu den Frohnaturen zu zählen. Dann handelt es sich um einen Typ, der »alles in sich hineinfrißt«. Darauf komme ich noch bei den Ausführungen über die Leber-Galle-Beschwerden zu sprechen.

Die durch Magen-Darm-Peristaltik entstehende Bewegung des Speisenbreies ist ein Phänomen des Merkur-Prinzips (Zirkulation). Die *Dünndarmfunktion* ist dem Merkur-Jungfrau-Prinzip zuzurechnen. Hierbei ist die Bewegung (Merkur) gekennzeichnet durch das Detail, das kritische Verhalten (Jungfrau). Im Dünndarm wird ja die Nahrung gewissermaßen analysiert und sortiert, ehe sie dem Dickdarm zugeführt wird. Praktisch äußert sich das etwa so: Ein (psychisch) extrem kritischer Mensch (ein Haarspalter oder einer, der aus jeder Mücke einen Elefanten macht) hat häufig auch einen besonders »kritischen« Dünndarm, der sofort reagiert, wenn die Nahrung kleine scharfe oder harte Bestandteile, Kernchen oder dergleichen enthält. Krämpfe, Völlegefühl und ähnliches sind die Folge.

Der *Dickdarm* stellt die Endstation für die zu verarbeitenden »Eindrücke« dar. Hier fällt die Entscheidung darüber, welche Nahrungsbestandteile vom Körper als Aufbaustoffe resorbiert und welche ausgeschieden werden.

Auch dabei zeigt sich wieder deutlich die Übereinstimmung zwischen Körper und Geist. Die letzte Phase der Verarbeitung seelischer Erlebnisse spielt sich vornehmlich im Unterbewußtsein ab, wo (psychisch) entschieden wird, was von den Eindrücken Erinnerung bleiben und was vergessen werden soll. Dem (psychischen) Unterbewußtsein entspricht (körperlich) der Dickdarm und hier vor allem der absteigende Teil.

Disharmonien im Bereich des (psychischen) Unterbewußtseins können u. a. zu *Ängsten* führen. Diese entstehen nicht selten dadurch, daß gewisse Eindrücke und Erfahrungen nur schwer zu verarbeiten und einzuordnen sind. Geraten wir dann in die Situation, daß ganz bestimmte Gefühle die disharmonische Seite unseres Unterbewußtseins berühren und gleichsam »wecken«, bekommen wir Angst. Und was tut dann der Körper? Er erbringt den Beweis dafür, daß zwischen bestimmten Aspekten unserer Psyche und unseres Körpers eine »feste Freundschaft« besteht. Eine heftige Reaktion des Dickdarms (des »Unterbewußtseins unseres Körpers«) ist das körperliche Symptom, das der Angst entspricht. Auch dies kommt in Redewendungen zum Ausdruck (z. B. »sich vor Angst in die Hosen machen«). Kosmisch handelt es sich dabei um das Saturn-Prinzip (Angst) im Tierkreiszeichen Skorpion (Unterbewußtsein). Der *Dickdarm-Stoffwechsel* ist eine Äußerungsform des Pluto-Schemas, da es hier um die Beurteilung und Überführung von Substanz in den letzten Darmabschnitt (Unterwelt) geht. Ein anderes mit der Dickdarmtätigkeit zusammenhängendes körperliches Symptom ist die *Verstopfung* (Obstipation). Dabei handelt es sich nicht um die Bewußtwerdung von Unbewußtem (Angstgefühle), sondern um dessen Verdrängung. Man läuft gewissermaßen vor seiner eigenen »Unterwelt« davon, verbirgt sich vor ihr und will absolut eine Preisgabe von Unbewußtem vermeiden; man spielt also gleichsam mit sich selbst Verstecken. Der Dickdarm zieht mit und reagiert entsprechend.

Die im letzten Darmabschnitt (Mastdarm, Rectum) zur Ausscheidung bereitgehaltenen Stoffe werden zurückgehalten.

So wie man die Begegnung mit seinem ureigensten Ich nicht ins helle Licht des Tages rücken will, so kommt es auch nicht zur Klärung des sich im Endbereich des Dickdarms und Mastdarms abspielenden Prozesses, d. h. es erfolgt keine Darmentleerung. Die Therapie besteht in diesem Falle weniger in der Einnahme von Abführmitteln, sondern besser in der Bewußtwerdung und Akzeptierung des ureigensten Ichs. Wenn man den Mut zur Konfrontation mit seinen unbewußten Prozessen aufbringt und sich dazu bekennt (z. B. dadurch, daß man mit jemandem über Dinge spricht, von denen man weiß, daß man sie am liebsten verdrängen möchte), dann wird auch der Darm entsprechend reagieren. Es findet sich also physisch wie auch psychisch ein »Ausgang«, eine Öffnung nach außen hin.

Die Konfrontation mit dem ureigensten Ich kann natürlich zu gewissen Spannungen führen. Das braucht allerdings nicht zwangsläufig auch das Aufkommen von Ängsten zur Folge zu haben. Im Gegenteil. Die Konfrontation mit dem eigenen Unterbewußtsein löst *Furcht* aus; und zwischen Angst und Furcht besteht ein gewaltiger Unterschied. Furchtsamkeit führt nämlich zu Weisheit und Einsicht. Mehr darüber entnehme man meinem Büchlein *Überwinde Angst und Furcht mit Kräutern, Edelsteinen und richtiger Ernährung*. Im Alten Testament heißt es ja auch:

Wohl dem, der sich allewege fürchtet; wer aber sein Herz verhärtet, wird in Unglück fallen.

(Sprüche 28,14)

Vielleicht wird in diesem Zusammenhang verständlich, weshalb den griechischen Göttern nachgesagt wurde, sie fürchteten sich (nicht etwa, sie hatten Angst!) vor der Unterwelt des Pluto. Diese Furchtsamkeit ist Sinnbild eines Zustandes, der verhindert, daß das Herz verhärtet. Eine gesunde Furcht führt zwangsläufig zu gesundem Stuhlgang. Das oben erwähnte »Versteckspiel« bewirkt also nicht nur Verhärtungen im Dickdarm, sondern auch im Herzen.

Lassen Sie es also gar nicht erst zu solchen schmerzhaften Folgen und dem daraus resultierenden Unglück kommen!

Das makrokosmisch-mythologische Prinzip

MERKUR: Ausführliche Darstellung: Seite 87

Zusammenfassung: Das Merkur-Prinzip manifestiert sich in der *Zirkulation,* in der Bewegung, im Überbringen. Mythologisch tritt der Merkur als Götterbote auf sowie als Gott des Handels und der Diebe. Die Beweglichkeit und das Zirkulations-Prinzip nehmen in allen mythologischen Überlieferungen eine Zentralstellung ein.

MOND: Ausführliche Darstellung: Seite 99

Zusammenfassung: Mondprozesse manifestieren sich immer als *Widerspiegelung,* als Reaktion und Emotion. In der griechischen Sage wird der Mond von der Göttin Selene verkörpert, die mit ihrem freundlichen Schein die

Erde erhellt, nachdem sie mit dem Wasser (Meer) in Berührung gekommen war. Das Licht der Selene wird stets als besonders milde und freundlich geschildert.

SATURN: Ausführliche Darstellung: Seite 98

Zusammenfassung: Saturn (Chronos) manifestiert sich als kosmisches Prinzip in Begriffen wie *Zeit* und *Wissen,* wodurch wir unsere *Form* und unsere Grenzen kennenlernen.

PLUTO: Ausführliche Darstellung: Seite 191

Zusammenfassung: Das Pluto-Prinzip ist gekennzeichnet durch die Begriffe *Umsetzung,* Umwandlung, durch das *Massige,* das Antileben, die Gewalt (sowohl im harmonischen als auch im disharmonischen Sinne). Phänomene dieses Prinzips zeigen sich in den »Massenüberflutungen« des individuellen und des kollektiven Seins. Die meisten Menschen erleben sie, ohne sich ihrer bewußt zu werden und auch ohne den mindesten Einfluß auf sie zu haben. Mythologisch tritt Pluto als Gott der Unterwelt in Erscheinung. Er regiert über die sich auf der Grenze zwischen zwei Welten abspielenden Vorgänge, zwischen der letzten Phase des einen Daseins und der ersten Phase künftigen Lebens. Das Pluto-Prinzip manifestiert sich sowohl im individuellen als auch im kollektiven Unterbewußtsein.

Was können wir aus unseren Magen-Darm-Beschwerden lernen?

Rufen wir uns doch zunächst noch einmal die Definition für die Magen-Darm-Funktion ins Gedächtnis zurück:

Magen und Darm verarbeiten die eingehenden »stofflichen Eindrücke« (u. a. die Nahrung).

Die Art und Weise, *wie* dies (in Abhängigkeit von der Beschaffenheit) geschieht, spielt eine große Rolle bei der Entstehung von Magen- und Darmbeschwerden. Die Art und Weise nämlich, wie wir mit den zu verarbeitenden »Eindrücken« fertigwerden, kann recht unausgewogen und mit unserer Persönlichkeit unvereinbar sein. Es ist bekannt – um ein Beispiel anzuführen –, daß es Menschen gibt, die gegen gewisse, vor allem quietschende oder schrill-kreischende Geräusche »allergisch« sind. Müssen sie sie häufiger über sich ergehen lassen, so kann dies zur Bildung von Magengeschwüren führen. Eindrücke, die uns *gefühls*mäßig zuwider sind, werden *immer* irgendwelche Störungen der Magen-Darm-Funktion auslösen. Wenn wir Eindrücke gewinnen (z. B. Nachrichten erhalten), die uns emotional überbeanspruchen, brauchen wir nicht zu essen und sollten es auch nicht tun, um den Magen nicht auch noch mit »stofflichen Eindrücken« zu belasten, derer er gar nicht bedarf. Psychische Sättigung (bzw. Völle) wirkt sich ja auch körperlich aus. Dies zeigt sich sogar in Redensarten wie: »Die Mitteilung hat mir den ganzen Appetit genommen.« oder: »Ich kann nichts essen, denn die Nachricht liegt mir noch wie ein Stein im Magen.« Bei den meisten unerwarteten Ereignissen reagiert der Magen so, daß wir ihn – soll uns nicht schlecht werden – automatisch schonen. Daraus ist deutlich die Abneigung gegen noch mehr neue »Eindrücke« ersichtlich. Schlimmer wird die Sache, wenn es sich um solche Eindrücke handelt, die sich mit unserer emotionalen Veranlagung und unserem ganzen Wesen nicht vereinbaren lassen, die unserer Natur und unserem Charakter widersprechen. Wenn derartige Prozesse zu lange andauern (und »zu lange« kann u. U. »recht kurz« sein), reagiert der Magen zunächst nicht sofort, sondern gerät allmählich in eine ernste Kriese. Jeder Magenkranke sollte sich daher fragen: »*Wie verarbeite ich meine tagtäglichen emotionalen Eindrücke?*« Sie sind durchaus nicht immer leicht zu verkraften, denn wir bekommen ja oft »recht harte Brocken« zu schlucken. Notfalls müssen wir unser Leben (die Umstände) sogar radikal ändern, um potentiellen neuen Magenbeschwerden vorzubeugen. Traditionellerweise flüchtet man sich bei Magenstörungen in Babykost; Breie, zartes Gemüse und Milch gehören zu den Hauptbestandteilen einer solchen Schonkost. Solange man freilich seinen kranken Magen allein auf diese Weise auszukurieren trachtet, hat man aus den Magenbeschwerden noch nichts gelernt. Durch das Breiessen versucht man nämlich im Grunde, den Realitäten davonzulaufen und Zuflucht zur »Mutter« zu nehmen. Ja, diese »Brei-Therapie« paßt ganz zum Magenkranken: Er vermag die Eindrücke der vielfach »harten« Wirklichkeit nicht zu verarbeiten. Mit der Nahrung verhält es sich ebenso. Das »Erwachsenenessen« ist für ihn »unverdaulich«. Magenschonkost mag vom ärztlichen Standpunkt aus berechtigt sein; für die Erzielung einer *wirklichen* Heilung jedoch – einer Heilung von Körper *und Geist* nämlich – ist sie ohne Bedeutung. Der Magenkranke sollte vor allem mit seinen Eindrücken fertigzuwerden lernen. Er muß zu der Einsicht kommen, welche Eindrücke er aufzunehmen in der Lage ist, und welche er besser meiden sollte. Es hat auch seinen Grund, daß Magenleiden häufiger bei Männern vorkommen als bei Frauen. Die Frau ist von Natur aus viel besser imstande, emotionale Eindrücke zu verkraften als der Mann. In der chinesischen Philosophie ist die Frau das Yin-Element, der Mann das Yang-Element.

Übersetzen wir Yin und Yang mit magnetisch und elektrisch, so ist die Frau magnetisch, d. h. anziehend und empfänglich. Ein Magenkranker tut gut daran, sich einmal damit zu befassen, wie geschichtliche Persönlichkeiten unserer Kulturepoche emotionale Eindrücke bewältigt haben. Bei uns im christlich ausgerichteten Westen hält man sich für gewöhnlich an die Bibel. Ein Schulbeispiel für die Verarbeitung emotionaler Eindrücke ist die Schilderung von Christi Geburt. Als Christus geboren war, besuchten als erste die Hirten die Eltern und das Neugeborene. Wir können dazu ganz unvoreingenommen sagen, daß dies kein gewöhnlicher Besuch war. Die gesamte Vorgeschichte hatte das Ihrige dazu beigetragen.

Nachdem sie in den Stall gekommen waren, erzählten die Hirten Maria und Josef, was sie auf dem Felde bei den Schafen erlebt hatten. Meist liest man über diese Sätze aus dem Lukas-Evangelium hinweg. Wir müssen uns aber einmal vor Augen halten, welch enormen Schwall von emotionalen Eindrücken sowohl die Hirten als auch die Eltern des Jesuskindes zu bewältigen hatten. Die Menschen in Bethlehem, denen die Hirten berichteten, was ihnen widerfahren war, werden vermutlich zuerst ebenfalls verwundert die Stirne gerunzelt haben. Die ganze Situation hat Lukas in zwei Sätze zusammengefaßt, die eine unvergleichliche Abgeklärtheit ausstrahlen. Was taten die Menschen, denen die Hirten das mitteilten, mit ihren Eindrücken? Und was tat Maria damit? Darüber steht geschrieben: *Und alle, vor die es kam, wunderten sich der Rede, die ihnen die Hirten gesagt hatten.* Es handelt sich dabei um einen Aspekt der Verarbeitung von Eindrücken. Man wußte offenbar mit der Nachricht nichts anzufangen. Keiner bewertete sie. Doch dann heißt es weiter: *Maria aber behielt alle diese Worte und bewegte* (im Sinne von erwog) *sie in ihrem Herzen.*

Das wäre es also, was der Magenkranke sich einzuprägen hat: Er muß lernen, Eindrücke so zu verarbeiten, daß sie zu Erwägungen in seinem Herzen bereitgehalten werden (wodurch das Streben nach Harmonie zum Ausdruck kommt). Die Lebensumstände des Menschen gefährden seine geistige und körperliche Gesundheit, wenn das Herz nicht in sie einbezogen ist.

Sollten die gewonnenen Eindrücke keinen Zugang zu unserem ureigensten Ich (Herz) finden, werden sie zu einer unerträglichen und nicht zu verkraftenden Last.

Mit dem Darm verhält es sich kaum anders. Der Unterschied zum Magen liegt in der Nuancierung. Der Magen hat den »ersten Eindruck« zu verarbeiten. Ist dies untendenziös geschehen, befaßt sich der Darm näher damit. So ist es auch erklärlich, daß psychische Disharmonien, die Anlaß zu Darmstörungen werden, tiefgreifender sind als solche, die Magenbeschwerden auslösen.

Der »Dünndarmkranke« muß sein kritisches Verhalten unter Kontrolle bekommen. Er sollte sich mit dem Gedanken vertraut machen, daß die Welt nicht allein aus »Molekülen« (Details) besteht, daß diese »Moleküle« vielmehr nur »kritische Elemente« sind, die zu einer Gesamtheit gehören. Ein einziges »Molekül« bietet noch keine Perspektiven; es erhält Bedeutung letztlich nur dadurch, daß es Teil eines größeren Ganzen ist. Dem Dünndarmpatienten möchte ich (im Scherz) zurufen: »Beurteile jemanden nicht nach seinen ungewaschenen Füßen (Detail), sondern lehre ihn lieber, sie zu waschen (lehren = jemanden zur Einsicht bringen).«

Der »Dickdarmkranke« muß sich einprägen, daß er sein Unterbewußtsein (psychisch) nicht zum »Abfalleimer« machen sollte. Offenbar werden die Eindrücke zwar mühelos aufgenommen, es mangelt jedoch an den nötigen Erwägungen und Überlegungen. Nicht alles eignet sich zum »Bewahren«. Wer seine Eindrücke richtig zu sortieren und zu klassifizieren weiß, wird die Erfahrung machen, daß sein Dickdarm an »Eindrücken« nur das Nötige an den Körper weitergibt, alles andere jedoch (dank ausgezeichneten Stuhlgangs) ausscheidet. Eine solche Selektion entspricht einem Großreinemachen; und die beste Darmreinigung beginnt mit einem »geistigen Großreinemachen«. Durch dieses wird nämlich bewirkt, daß geistige wie auch körperliche Eindrücke sinnvoll verarbeitet werden. Die Aufnahme darmbelastender, stopfender Nahrung verbietet sich bei einer »gesunden Sortierung« der geistigen Eindrücke von selbst. Man könnte es auch so ausdrücken: Fangen Sie mit der Säuberungsaktion bei Ihren Lebensumständen und den Eindrücken des täglichen Lebens an und bessern (harmonisieren) Sie dadurch Ihre ganze Persönlichkeit!

Leber, Galle, Zunge und Zähne

Kosmisches Prinzip: Jupiter, Mars, Saturn
Schütze, Widder, Steinbock

Die Funktion der Leber und der Zunge sind Phänomene des Jupiter-Prinzips. Das Mars-Prinzip zeigt sich in der Bedeutung der Galle und der Zähne. Steinbildung und Zähne sind Äußerungsformen des Saturn-Prinzips.

Die Leber spielt in unserem Körper die Rolle eines Alchimisten. Sie stellt das Labor dar, in dem zahllose Substanzen für die verschiedensten Prozesse gebildet werden. Ihre Hauptfunktionen sind die Gallebildung sowie die Koordinierung von Fett- und Zuckerhaushalt; außerdem ist sie ein Depot für lebenswichtige Stoffe wie Vitamine und Spurenelemente. Bei der Besprechung des Kopfes habe ich schon darauf hingewiesen, daß der menschliche Körper durch das Zwerchfell in zwei Regionen oder »Pole« geteilt wird, in die obere Hälfte, die man *Denkpol* nennen könnte, und in die untere Hälfte, auch als *Lebenspol* zu bezeichnen.

Der Kopf (Gehirnfunktion) stellt den Mittelpunkt (die Zentrale) für den Denkpol dar. Analog dazu könnte man die *Leber* als »Bauchgehirn« ansprechen. Hier befindet sich nämlich der Mittelpunkt (die Zentrale) des Lebenspoles. Die Leber ist das Zentrum des (körperlichen) Stoffwechsels, während sich im Gehirn geistige Abläufe vollziehen (psychischer Stoffwechsel). Die Leber ist das Organ des Lebenspoles. Wenn man an sich auch nicht zwischen wichtigen und weniger wichtigen Organen unterscheidet, so müssen wir doch für die Leber eine Ausnahme machen. Bei der Darstellung der makrokosmisch-mythologischen Situation werde ich noch darauf eingehen, daß die Leber gegenüber anderen Körperorganen eine gewisse Vorrangstellung einnimmt, ohne dabei ihre Teilhaftigkeit am Gesamtkomplex zu verleugnen. Die *Zunge* steht zur Leber in einem ganz besonderen Verhältnis; sie ist gewissermaßen ihr »Botschafter«. Da in der Zunge der Geschmackssinn seinen Sitz hat, gibt sie sozusagen die Wünsche der Leber bekannt. Und die

Leber verlangt normalerweise genau nach dem, was der Gesundheit zuträglich ist. Ich schreibe ganz bewußt »normalerweise«, denn heutzutage »krankt« (und das ist buchstäblich aufzufassen) die Zunge als Geschmacksorgan an der Denaturierung unserer Nahrung, d. h. an dem Zusatz der verschiedenen Chemikalien (z. B. Konservierungs- und Aromastoffe) und scharfer Gewürze; auch durch das Rauchen wird die Zunge in ihrer Funktion gestört. Normalerweise also teilt uns die Zunge auf Betreiben der Leber mit, welche Lebens-Mittel der Körper benötigt. Besteht beispielsweise ein großes Verlangen nach Äpfeln, so fehlen dem Körper Stoffe, die vor allem in Äpfeln reichlich vorhanden sind. Sobald der Bedarf an diesen Stoffen gedeckt ist, läßt auch der Heißhunger nach, der Apfelkonsum normalisiert sich wieder.

So kommt es gelegentlich vor, daß Kinder, wenn sie im Bett liegen und niemand es sieht, die Tapete abrupfen, kleine Krümel aus der Wand pulen und sie essen. Das ist keine Ungezogenheit, sondern eine Instinkthandlung: Ihr »Geschmack«, ihre Zunge meldet Kalkbedarf an. Eine vernünftige Mutter weiß dann die »Zerstörungswut« richtig zu deuten und deckt den Kalkmangel dadurch, daß sie dem Kind beispielsweise zusätzlich Milch zu trinken gibt.

Alle scheinbar unerklärlichen Gelüste sind also »Mitteilungen« der Leber. Wenn wir wissen, welche Stoffe in welchen Lebensmitteln besonders reichlich vorhanden sind, wissen wir damit zugleich, woran es unserem Körper mangelt.

Leber und Zunge sind die Organe, die mittels des Stoffwechsels die Ordnung im Körper aufrechterhalten. Immer versucht die Leber, ein gestörtes Gleichgewicht wiederherzustellen und strebt dabei gewissermaßen ein

Ideal an, einen *körperlichen Optimalzustand.* Das Regenerationsvermögen der Leber ist ganz beachtlich; man könnte auch sagen, ihr Überlebenstrieb ist ungewöhnlich stark. Wir erkennen darin das Schütze-Jupiter-Prinzip.

Die *Galle* hat die Aufgabe, den Verdauungsprozeß »anzufeuern«. Die in der Leber erzeugte und in der Gallenblase gesammelte Gallenflüssigkeit wird bei Bedarf in den Zwölffingerdarm abgegeben; sie dient der Emulgierung von Fetten und der Unschädlichmachung bestimmter »giftiger« Nahrungsbestandteile. Die Gallenflüssigkeit ist ziemlich aggressiv. Zu Zeiten des Hippokrates gab es eine Theorie, wonach eine gute Gesundheit von der Ausgewogenheit (vom mengenmäßig richtigen Verhältnis) der Körpersäfte ([h]umores) abhängig war. Wenn eine der Körperflüssigkeiten vorherrschte, so wirkte sich das – der damaligen Auffassung zufolge – nicht nur physisch, sondern auch psychisch aus. So sprach man vom cholerischen Temperament, wenn die (gelbe) Galle im Körper überwog. Der Choleriker zeichnet sich durch Heftigkeit und Schärfe, aufbrausendes Wesen und Tatkraft (bis hin zur übersteigerten Energie) aus. Diese Eigenschaften sind auch für die Gallenflüssigkeit typisch. Bei spärlicher Galleproduktion vollzieht sich der Verdauungsprozeß träge; ja, es kommt sogar vor, daß er durch Gallemangel stagniert. Menschen, bei denen nicht genug Gallenflüssigkeit erzeugt oder abgegeben wird, erweisen sich meist als schlapp und energielos. Sie sind häufig mager, weil sie auf nichts Appetit haben, und inaktiv, weil es ihnen an der nötigen »Kraft« fehlt. Mit der Galle wird zum zweiten Male der *Wille* in den Verdauungsprozeß einbezogen. Zum ersten Male geschieht dies ganz am Anfang des langen Weges der Nahrung (der stofflichen Eindrücke) durch den Körper. Ehe nämlich die »stofflichen Eindrücke« (die Nahrung) in den Körper gelangen, müssen wir sie mit den *Zähnen* bearbeiten. Unser Gebiß – wenn es um die *Funktion* geht – ist Ausdruck unseres Willens. Die Art und Weise, wie ein Mensch kaut, sagt viel aus über die Willenskraft, mit der er Eindrücke verarbeitet. Auch hier sprechen bekannte Redewendungen für sich. Wenn man »in einen sauren Apfel beißt«, bekundet man damit, daß man energisch seine Probleme zu bewältigen gedenkt. Man »beißt die Zähne zusammen«, wenn man entschlossen ist, einer Situation Herr zu werden. »Mit langen Zähnen essen« bedeutet soviel wie ohne Appetit (willenlos) essen. Man »zeigt jemandem die Zähne« zum Zeichen der Widerstandsbereitschaft. »Haare auf den Zähnen haben« steht gleichfalls für »besonders energisch sein«. In all diesen Ausdrücken nimmt der Wille eine Zentralstellung ein. Der Unterschied zwischen Zähnen und Galle besteht darin, daß man die Zähne *bewußt* gebraucht, während die Galle nicht direkt vom Willen abhängig ist. Willensschwäche führt also zu schlecht gekautem Essen und infolgedessen zu Verdauungsproblemen.

Das makrokosmisch-mythologische Prinzip

JUPITER: Jupiter ist der größte der uns bekannten Planeten. Er besitzt weitaus mehr Monde als andere Wandelsterne. Zwischen seiner enormen Größe und der des Gottes Jupiter, der bei den Griechen Zeus hieß, besteht eine gewisse Übereinstimmung.

Zeus war ebenso wie der Planet Jupiter (funktional) größer als die anderen Götter (Planeten bzw. kosmischen Prinzipien). Er war der Herrscher über die Welt, der

Vater der Götter und der Menschen; alles mußte sich seinem Willen beugen. Dieser Gott lenkte das Leben und teilte reichlich Gaben aus. Zeus ist gewissermaßen ein Idealbild. Er wird immer in Verbindung mit dem Tierkreiszeichen Schütze gesehen, welches als Kentaur (halb Mensch, halb Pferd) dargestellt wird, der ein hohes Ziel anvisiert. Die Erfüllung eines Strebens nach Höchstem (nach dem »Himmel«) erkennen wir in Zeus, der – erhaben über alle anderen Götter – hoch über der Welt thront und sich gewissermaßen in einem Idealzustand (im »Himmel«) befindet. Als er den anderen Göttern untersagte, sich in den Kampf um Troja einzumischen, sprach er zu ihnen: »Laßt aus dem Himmel ein goldenes Seil hinab und ziehet alle daran. Vergebens werdet ihr eure Kräfte einsetzen, um mich, den obersten Gott, aus dem Himmel hinabzuholen. Würde ich aber meine Kraft einsetzen, so würde ich euch alle samt der Erde emporziehen und am Gipfel des Olymp befestigen, denn ich bin stärker als Götter und Menschen.«

Daraus geht deutlich die Unterlegenheit der anderen Götter hervor und ebenso, daß das Idealbild (Himmel) dem Wesen des Zeus entspricht. Nichts vermag ihn herabzuholen und nichts im Himmel und auf Erden seine Gedanken und Vorstellungen zu erschüttern. Die Funktion unserer Leber entspricht also dem Wesen des Gottes Zeus.

Fassen wir noch einmal zusammen:

Planet Jupiter:	*Größter* Planet mit reichlich »Anhang« in Form von Monden.
Gott Jupiter:	In der Mythologie als *bedeutendster* Gott dargestellt, der zusammen mit den ihn umgebenden Göttern

ein lebendes Ganzes bildete, steuerte und die Ausgewogenheit bewahrte.

Leber: *Größtes* Organ (Drüse) mit einem Gewicht von ca. 1,5 kg, Zentrum chemischer Prozesse, steuert mit den anderen Organen den gesamten Stoffwechsel, sorgt im Körper für chemische Ausgewogenheit.

Zum Schluß möchte ich noch zu den Monden des Jupiter (Satelliten) ein paar Worte sagen. Seit langem weiß man, daß der Jupiter zwölf Monde hat. Dies fällt insofern auf, als es bekanntlich ja auch zwölf Tierkreiszeichen gibt, deren Wesenszüge er sich aneignen kann (als kosmisches Prinzip). Im Geburtshoroskop steht der Jupiter jeweils in einem der zwölf Zeichen. Jedes weist spezifische Merkmale auf. Wir dürfen infolgedessen sagen, daß sich Jupiter in zwölferlei Weise äußern kann. Jüngere Untersuchungen sprechen von einem dreizehnten Jupitermond. Aufgrund der kosmischen Gesetze könnte diese Entdeckung auf einer falschen Interpretation von Wahrgenommenem beruhen. Auch wissenschaftliche Irrtümer liegen im Bereich der menschlichen Möglichkeiten.

Aus dem Bild von den zwölf Monden spricht wieder die Zentralstellung des Jupiter. Wenn wir im Jupiter den bedeutendsten Planeten unseres Sonnensystems sehen, so dürfen wir das Wort »bedeutend« nicht im Sinne von »exklusiv« interpretieren. Das Jupiter-Wesen ist (ebenso wie die Leber) inklusiv; d. h. Haupt- und Nebenfunktionen bilden gemeinsam ein harmonisches Ganzes – ohne gesonderte Machtansprüche.

MARS: Ares bzw. Mars verkörpert Energie, Kampfeslust und Willenskraft. Aus den alten Sagen geht hervor, daß sich dieser Gott im Kampf (das ist ein umfassenderer Begriff als »Krieg«) wohlfühlte. Ares brauchte immer einen Widerstand, eine Gegenkraft, an der er sich messen konnte. Er kämpfte nicht für Ideale. Homer beschreibt ihn als Gott, der auch einmal ins gegnerische Lager überwechselte – wenn es nur etwas zu kämpfen gab. Um dieser Streitlust willen haßte Jupiter seinen *eigenen Sohn*. Zeus nannte Ares den Hassenswertesten unter den Unsterblichen. Diese Abneigung, in der ein Unterton von lauernder Gefahr mitklingt, entspricht ganz der Beziehung zwischen Leber und Galle.

Die Leber produziert Galle; sie ist also im übertragenen Sinne der Vater der Galle, so wie Zeus der Vater des Ares war. Die Leber »haßt« jedoch ihr eigenes Erzeugnis, denn dieses stellt eine permanente und lauernde Gefahr dar. Sobald die Gallengänge, aus welchen Gründen auch immer, verschlossen sind, so daß die Gallenflüssigkeit nicht abfließen kann und sich in der Leber staut, kommt es zu einem akuten »Krieg« zwischen Leber und Galle, der sich in der gefürchteten Leberentzündung (Gelbsucht) äußert. Auch hier sehen wir wieder die große Übereinstimmung zwischen der mythologischen Darstellung und den Körperfunktionen. Im Bild vom Kampf treten Begriffe wie »Tatkraft«, »Energie« u. dgl. hervor; und es liegt auf der Hand, daß sie leicht negativ interpretiert werden. Aber Ares wird nicht nur als Kämpfernatur geschildert. In der prähomerischen Zeit wurde er im Thebener Land zudem als Gott alles *Befruchtenden* verehrt. Auch bei der Befruchtung spielen Energie, Tatendrang und Unternehmungslust eine große Rolle. Und aus dieser ältesten Interpretation des aresschen

Wesens erklärt es sich, daß Mars (Ares) von der Astrologie mit der männlichen Sexualität in Verbindung gebracht wurde. Darauf komme ich später noch zurück.

Was können wir aus unseren Leber- und Gallenbeschwerden lernen?

Lebererkrankungen: können zweierlei Ursachen haben. Entweder sie beruhen auf Gallenproblemen, oder ihnen liegen ernste Stoffwechselstörungen zugrunde.

Dies sind kausale Erklärungen, die wir nun im Lichte der kosmischen Prinzipien näher betrachten wollen. Von den Gallenbeschwerden, auf die ich später noch ausführlicher zu sprechen komme, sehen wir zunächst ab.

Wenn unsere Leber versagt, sind wir hoffnungslos verloren, denn von der *Leber*funktion hängt unser *Leben* ab.

Leberstörungen (das ist etwas anderes als Leberversagen) trifft man häufig bei Menschen an, die mit ihren *Idealen* Probleme haben. Bei ihnen äußert sich das Zeus-Prinzip auf disharmonische Weise. Die Betreffenden sind *zu* großzügig und *zu* freigiebig; dadurch vergeuden sie zuviel eigene Energie (Lebenskraft). Sobald man mehr gibt als man besitzt, bzw. sobald man mehr scheinen will als man ist, entstehen innere Disharmonien. Diese wurzeln in der Tatsache, daß man sich derart verausgabt, nur um sein Ansehen (sowohl im Bereich des Stofflichen als auch im Bereich des Geistigen) zu steigern und gewissermaßen zu einem Inbegriff der Vollkommenheit zu werden. Wenn sich dann zeigt, daß das Erstrebte unerreichbar ist, kommt es zu einer Krise. Diese manifestiert sich in der Lebertätigkeit. Man sollte sich gesagt sein lassen, daß alles, wovor das kleine Wörtchen »zu« steht, von Übel ist. Denn das alles muß ja von der Leber verkraftet werden. Psychische Großzügigkeit und Freigiebigkeit zeigt sich auch in den Eßgewohnheiten. Man verausgabt sich nicht nur in übertriebenem Maße, man holt auch in übertriebenem Maße wieder herein; in jeder Hinsicht zeigt sich eine gewisse Gier. Dadurch wird der Stoffwechsel überlastet und die Leber überfordert.

Die Leber muß auch mit psychischer Maßlosigkeit fertigwerden. Wenn wir uns in ein Meer von (geistigen) Idealen stürzen (die sich meist nicht realisieren lassen), dann arbeitet die Leber unter Hochdruck. Es hat schon seinen Grund, daß viele Künstler Alkohol brauchen, um ihre Ideale darstellen zu können. Alkohol zwingt die Leber zu Höchstleistungen. Die Betreffenden sind normalerweise nicht fähig, das, was ihnen vorschwebt, zu äußern. Indem sie (beispielsweise durch Alkohol) die Lebertätigkeit anregen, werden sie Feuer und Flamme, sehen alles deutlicher vor sich und malen, schreiben oder komponieren wie nie zuvor. Ist man aber gezwungen, mit solchen Hilfsmitteln seinem inneren Drang einen Weg nach außen zu öffnen, so geht dies zu Lasten der Leber, da sie dann über Gebühr arbeiten muß. Gelegentlich kann so etwas schon einmal vorkommen. Man muß sich dabei nur immer vor Augen halten, daß man mit solchen Machenschaften Raubbau an seiner Gesundheit treibt. Der Leberkranke sollte lernen, seine Ideale auf Erreichbares zu beschränken. Er muß zu der Erkenntnis gelangen, daß er nur zum Mittelpunkt dessen werden kann, was im Bereich seiner Anziehungskraft und seiner Möglichkeiten liegt.

Gelbsucht ist beispielsweise ein Phänomen, das zu jungen Menschen mit einflußreichen Eltern paßt, die

Probleme beim Abstecken ihrer eigenen Welt (Ideale) bekommen. Sie treten in Vaters Fußstapfen, ohne jene Anziehungskraft entwickelt zu haben, die sie brauchen, um des Vaters Umgebung (beim Planeten Jupiter die Monde) an sich zu binden. Zwischen dem 15. und dem 25. Lebensjahr kommt es dann nicht selten zu einer Krise, die sich in einer handfesten Gelbsucht äußert.

Untersuchen Sie bei allen Leberbeschwerden, was Sie an sich binden möchten, und wie stark Ihre Anziehungskraft ist. Überfordern Sie Ihre Leber nicht durch das kleine Wörtchen »zu« vor Ihrem Wünschen und Wollen. Lebererkrankungen können äußerst unangenehm werden. Wenn Sie sich jedoch zu Herzen nehmen, daß *»ein Mann in Holzschuhen und Bettlerlumpen* (auch psychisch) *bei Gott dem Herrn oft mehr gilt als die Gecken in ihren schönen Kleidern«* (das Wörtchen »zu« des Jupiter), dann – ja, dann können Leberbeschwerden zur Selbsterkenntnis und infolgedessen zur Gesundheit führen.

Gallenbeschwerden: Hier müssen wir unterscheiden zwischen unzureichender Galleproduktion und Beeinträchtigung der Gallenfunktion durch Gallensteine.

Unzureichende Galleproduktion: Die Galle steht in Analogie zu unserem Willen, denn sie ist ein Phänomen des Mars-Prinzips. Menschen mit unzureichender Gallerzeugung haben Mühe, ihren Willen durchzusetzen und umgekehrt. Gallenbeschwerden geben uns Gelegenheit, uns unserer Willensschwäche bewußt zu werden.

Gallenleiden können Anzeichen für andere körperliche Probleme (z. B. sexueller Art) sein. Mir ist beispielsweise aufgefallen, daß sich viele Menschen mit Gallenfunktionsstörungen nicht zum Heiraten entschließen können.

Der Grund dafür liegt weniger in den Schwierigkeiten des Zusammenlebens mit einem Partner, als vielmehr darin, daß es an erotischer Energie fehlt. Der (oder die) Betreffende hat unbewußt Angst vor der körperlichen Vereinigung – ein Aspekt, der sich bei Männern übrigens stärker auswirkt als bei Frauen.

Bei Gallenfunktionsstörungen sollte man seine Entschlußkraft und sein Durchsetzungsvermögen kritisch unter die Lupe nehmen.

Gallensteine: Die Bildung von Gallensteinen hat mit Gallenfunktionsstörungen kaum etwas zu tun. Gallensteine sind *»Ärgernissteine«*. So ist es verständlich, daß medizinischen Statistiken zufolge Gallensteine bei Frauen häufiger auftreten als bei Männern. In der seit alters gültigen Gesellschaftsordnung war ja bis in die Gegenwart hinein die untergeordnete Stellung der Frau fest verankert. Dadurch erfuhr denn auch die Frau – aus dem Blickwinkel ihrer sozialen Situation gesehen – mehr Unannehmlichkeiten als der Mann. Schlimm daran ist vor allem, daß die Frau normalerweise weniger Möglichkeiten hatte (und noch hat), ihrem Ärger Luft zu machen. Wehe der Frau, die sich unterstand, ihrem Manne zu widersprechen!

Im Körper äußert sich unterdrückter Ärger in zweierlei Form: Entweder es kommt zu Herzbeschwerden; in diesem Falle berührt der Ärger das ureigenste Ich. Oder es bilden sich Gallensteine; dann spielt die Willensbegrenzung eine Rolle – d. h. der Wille wird gehemmt bzw. unterdrückt (Willens-Obstruktion).

Häufig handelt es sich dabei um Lebens- und/oder Arbeitsumstände, die nicht mit dem vereinbar sind, was der oder die Betreffende selbst will oder braucht. Man muß z. B. Dinge tun, die einem im Grunde zuwider sind, während man das, was man gerne täte, nie tun darf. Kommt zu einer solchen Situation noch ein mehr oder weniger cholerisches Temperament, so wird die Sache äußerst unangenehm: Man muß sich ständig beherrschen, nachgeben und die Umstände berücksichtigen, in denen man lebt. Gallensteine sind ein sicherer Hinweis darauf, daß man unbedingt versuchen sollte, die »Willenssituation« zu ändern. Ein Mensch mit Gallensteinen war meist nicht nur seiner Umgebung (den Umständen), sondern auch sich selbst gegenüber zu tolerant. Er brachte ganz offensichtlich nicht die Energie auf, sich dem Druck und dem Zwang (von seiten der Umgebung) zu widersetzen.

Häufig erlebt man, daß Menschen mit einer Charakterstruktur wie der oben beschriebenen Trost und Kompensation in einer bestimmten Nahrung suchen. Der Gallenkranke bevorzugt vor allem Fette. Warum tut er das? Nun, der Mensch mit Gallenbeschwerden fühlt sich mit seiner Energie und seinem Willen isoliert. Er stellt sozusagen mit seinen Denkbildern, Wünschen und Neigungen eine Art Insel dar, denn niemand nimmt ihn wirklich ernst, er ist »kaltgestellt« worden. Fett schützt vor Kälte und zwar sowohl körperlich als auch seelisch. Fett puffert ab gegen dominierende wesensfremde Einflüsse. Die eigentliche Ursache liegt aber noch tiefer. Die Faktoren Cholesterin und Fett sind nur die schließlich sichtbar werdenden Phänomene. Wie wir bei den Ausführungen über den Planeten Saturn noch sehen werden, entspricht alles Harte diesem kosmischen Prinzip, beispielsweise also auch Gelenke, Gallen- und Nierensteine.

Obgleich sich Gallensteine in der Regel nur operativ entfernen lassen – wir werden beim Gedanken daran auch wieder an das Saturn-Prinzip erinnert –, können wir aus diesem höchst unangenehmen Leiden doch auch etwas lernen. Es wurde bereits gesagt, daß Gallensteine »Ärgernissteine« sind, die Aussagen über die Art und Weise unserer Willensäußerung machen. Halten wir uns konsequent an diesen Gedanken und verfolgen ihn weiter, so kommen wir zwangsläufig zu der Erkenntnis, daß wir unseren Tatendrang nicht einhüllen sollten in das, was ich einmal »negative Energie« nennen möchte. Sich über etwas ärgern, sich vor etwas ekeln, sich mit etwas nicht einverstanden erklären können, etwas anderes für besser halten, um der Opposition willen opponieren – all solche und ähnliche Stimmungen erzeugen »negative Energie«, d. h. sie tragen nicht zur Entwicklung der Persönlichkeit bei, sondern lösen innere Unzufriedenheit aus.

Innere Unzufriedenheit jedoch stellt für die Gesundheit eine große Gefahr dar. Wer in puncto Aktivitäten mit sich selbst nicht in Frieden lebt, sollte auf die eventuelle Bildung von Gallensteinen gefaßt sein.

Manche Menschen müssen von Zeit zu Zeit »Gift und Galle spucken«, wie der Volksmund sagt. Das reinigt und erleichtert sowohl psychisch als auch physisch. Fehlt einem die Möglichkeit dazu, weil es einem vielleicht die familiäre Situation, die Arbeitsverhältnisse o. dgl. verbieten, so staut sich die Galle (die »reif« zum Ausspucken wäre) in der Gallenblase. Infolge der Frustration kommt es dann zu Steinbildungen. Wenn sich inneres Unbehagen (»negativer Wille«) nicht anders manifestieren kann, dann tut es das auf diese äußerst unangenehme Art und Weise.

Gallensteine, Nierensteine und »unkontrollierte Formen von Energie« (wie ich es einmal nennen möchte) hängen meist irgendwie zusammen. Unter »unkontrollierter Energie« verstehe ich die Energieaufsplitterung, die u. a. durch die Umstände insofern zustande kommt, als man nicht in der Lage ist, die verfügbare Energie in einem bestimmten Bereich zu verwenden. Zum Ausgleich »verplempert« man sie anderswo, nur um seinen Tatendrang zum Ausdruck bringen (gestalten) zu können.

Vor Jahrtausenden war man sich dieser Zusammenhänge bereits bewußt, wie im Buche Hiob beschrieben:

Er hat mich umgeben mit seinen Schützen (die Pfeile entsprechen der unkontrollierten Energie, der Zersplitterung von Taten); *er hat meine Nieren gespalten und nicht verschonet* (Gefühlsprobleme); *er hat meine Galle auf die Erde geschüttet* (Folge des Ärgernisses). *(Hiob 16,13)*

Viele Menschen »*vertun*« sich, sei es darum, daß sie das, was sie wollen, nicht zur Ausführung zu bringen vermögen, sei es darum, daß sie sich mit unvernünftigem Tun übernehmen. Gallenkranke können viel aus dem lernen, was Konfuzius einst sagte:

Wo Unordnung entsteht, waren Worte der erste Schritt dazu.
Wenn der Fürst nicht diskret ist, verliert er seine Diener.
Wenn der Diener nicht diskret ist, verliert er das Leben.
Wenn die Dinge nicht im Keim diskret behandelt werden, wird ihre Vollendung verhindert.
Deshalb bewahret der Edle sorgfältig Stillschweigen und geht nicht hinaus. *(Aus dem J-Ging)*

Konfuzius sagt uns damit, daß wir unseren Willen richtig (ausgewogen) beherrschen sollten. Wir dürfen es nicht soweit kommen lassen, daß sich innere Unruhe selbständig macht. Er meint, daß die Dinge an ihrer Vollendung gehindert werden, wenn man sie nicht im Keim diskret behandelt. Wir müssen uns also selbst kennenlernen, damit wir dadurch erfahren, welche Möglichkeiten wir haben, Energie in Taten umzusetzen.

Konfuzius warnt uns, »indiskretem Ärger« nachzugeben. Wir müssen ihn schon im Keim mit Diskretion behandeln. Das ist etwas anderes, als ihn im Keime zu ersticken. Damit würden wir den Ärger nur verdrängen bzw. totschweigen; und das ist u. U. verfehlt. Etwas im Keime diskret behandeln, bedeutet in diesem Fall soviel wie, ungeachtet aller hindernden Umständen nach einer Möglichkeit suchen, wie wir sinnvoll tätig werden können, auf daß kein Unfriede entstehe.

Wenn wir diese weisen Worte des Konfuzius nachempfinden und verstehen wollen und können, begreifen wir auch; unsere Gallensteine haben uns gezeigt, daß wir mit unserem Tatendrang im Keime nicht diskret genug umgegangen sind. Wenn es auch ein schmerzlicher Weg war, der uns durch Schaden klug werden ließ, so sollten wir doch froh sein, ihn gefunden zu haben.

Beschwerden können also der Gesundheit durchaus zuträglich sein. Es fragt sich nur, inwieweit wir bereit sind, an uns zu arbeiten, insbesondere nachdem wir eingesehen haben, daß wir zunächst einmal die Dinge doch nicht so diskret wie nötig behandelt hatten.

Bauchspeicheldrüse (Zuckerkrankheit)

Kosmisches Prinzip: Venus, Jupiter
Waage, Schütze

Das mikrokosmische Prinzip

Die Zuckerkrankheit (Diabetes mellitus, auch Zuckerharnruhr genannt) ist eine recht unangenehme Stoffwechselkrankheit. Wir sprechen von Zuckerkrankheit, wenn die Langerhansschen Inseln der Bauchspeicheldrüse geschädigt sind, so daß nicht genügend (bzw. kein) Insulin produziert wird, was zur Folge hat, daß die mit der Nahrung aufgenommenen Kohlehydrate – vom Körper in Glukose (besser bekannt als Traubenzucker) umgesetzt – nur noch unzureichend in Glykogen umgewandelt und der Leber bzw. den Körperzellen schlechthin zugeführt werden. Glykogen ist tierische Stärke, auch »Leberstärke« genannt, die im Gewebe und hier vor allem in der Muskulatur vorkommt und in der Leber für Bedarfsfälle gespeichert wird; man spricht in diesem Zusammenhang von Glykogendepots oder auch von Reservekohlehydraten.

Diese auf den ersten Blick etwas komplizierten Vorgänge wollen wir nun Punkt für Punkt durchgehen:

1. Man nimmt eine Mahlzeit zu sich, die aus Eiweiß, Fetten, Kohlehydraten (Stärke und Zucker) sowie Zusatzstoffen besteht.

2. Im Darm werden die Kohlehydrate abgebaut und in Glukose, körperverträglichen Zucker, umgewandelt.

3. Die Glukose wird von der Darmwand resorbiert und dem Blut zugeführt.

4. Dadurch steigt der Blutzuckergehalt.

5. Wird die nun im Blut befindliche Glukose nicht sofort benötigt, steigen die Blutzuckerwerte so stark an, daß der Körper Regulierungsmaßnahmen einleitet.

6. Bei zu hohem Blutzuckergehalt schaltet sich nämlich die *Bauchspeicheldrüse* (Pankreas) ein und scheidet *Insulin* (ein in den Langenhansschen Inseln gebildetes Hormon) aus.

7. Das Insulin bewirkt eine Umsetzung der Glukose in *Glykogen* (speicherfähiges Kohlehydrat).

8. Dieses Glykogen wird dem Körpergewebe zuge-

führt und (für Bedarfsfälle abrufbereit) in der Leber gespeichert (Glykogendepots = Reservekohlehydrate).

9. Bei einem Absinken der Blutzuckerwerte (z. B. durch Muskeltätigkeit oder mangels Nahrungszufuhr) greift der Körper auf das gespeicherte Glykogen zurück.

10. Das Pankreas scheidet nun ein anderes (ebenfalls in den Langerhansschen Inseln gebildetes) Hormon namens *Glucagon* aus, das das in der Leber gespeicherte Glykogen wieder in Glukose umsetzt, an das Blut abgibt und damit den Blutzuckerspiegel wieder normalisiert (70-120 mg%).

Bei der Zuckerkrankheit kann infolge Schädigung der Bauchspeicheldrüse nicht ausreichend Glykogen gebildet und gespeichert werden. Dies führt dazu, daß beim Diabetiker der Blutzuckergehalt (in Abhängigkeit von der Nahrungszufuhr) stark ansteigen oder absinken, d. h. über oder unter der Norm liegen kann. Die nicht benötigte Glukose wird also nicht (vollkommen) in Glykogen umgesetzt. Darauf reagiert der Körper mit einer Notlösung: Die Nieren werden zu erhöhter Aktivität angeregt und scheiden die überschüssige Glukose mit dem Harn aus. Bei ständig stark erhöhten Blutzuckerwerten kann es vorkommen, daß die Nieren den Anforderungen nicht mehr gewachsen sind. Schlimmstenfalls kommt es zum gefürchteten Diabetes-Koma (verbunden mit Bewußtlosigkeit) – eine äußerst kritische Situation, in der sofortige ärztliche Hilfe unerläßlich ist. Zusammenfassend läßt sich sagen, daß die Bauchspeicheldrüse im Kohlehydrathaushalt gewissermaßen eine »Vermittlerrolle« spielt, während die Leber dazu beiträgt, die Norm einzuhalten, indem sie je nach Bedarf Kohlehydrate speichert oder an das Blut abgibt (Jupiters gute Gaben!).

Die Vermittlerrolle des Pankreas kommt dadurch zustande, daß ein und dieselbe Drüse zwei entgegengesetzt wirkende Hormone – Insulin und Glucagon – erzeugt und dem Körper zuführt, sozusagen Antagonisten, die aus kosmischer Sicht zum Tierkreiszeichen *Waage* und seinem Regenten *Venus* passen. Das Venus-Prinzip ist immer auf Ausgleich bedacht und strebt nach Ausgewogenheit zwischen zwei (gegensätzlichen) Möglichkeiten – in diesem Fall zwischen Insulin und Glucagon. Man könnte die Funktion der Bauchspeicheldrüse mit der eines Richters vergleichen, der anhand einzelner noch nicht koordinierter Fakten die Situation zu beurteilen und ein Gleichgewicht herzustellen hat. Die Leber fungiert bei diesem Vergleich als *Gesetzbuch* (Vorrat an möglichen Maßnahmen, die zur Ausgewogenheit beitragen). Wenn die Leber nicht funktionstüchtig ist, kann sich die Bauchspeicheldrüse auch nicht auf die »darin enthaltenen Schutzmaßnahmen« berufen. Arbeitet die Bauchspeicheldrüse nicht zufriedenstellend, bleibt die Leber weitgehend unangetastet. Auch dies gestattet einen Vergleich mit der Rechtsprechung: Wenn es keinen Richter (Bauchspeicheldrüse) gibt, können die Gesetze auch nicht zur Wahrung des Gleichgewichts beitragen. Und wenn es keine Gesetze (Leber) gibt, hat der Richter nicht die Möglichkeit, das Gleichgewicht wiederherzustellen.

Das makrokosmisch-mythologische Prinzip

VENUS: Dem Dichter Homer zufolge ist *Aphrodite* (Venus) eine Tochter des Zeus und der Dione. Sie gilt als die Göttin der *Liebe*. Andere Überlieferungen bezeichnen sie als die »Schaumgeborene«, die aus dem Meere stieg – Aphrodite bedeutet ja soviel wie »die aus dem Schaum (des Meeres) Geborene«.

Aphrodite galt nicht seit jeher als Göttin der Liebe und der Schönheit. Immanuel Velikovsky – Historiker und Naturwissenschaftler – schreibt über die Beziehungen zwischen Venus und Mars, daß Venus ursprünglich ein Komet ohne feste Bahn gewesen sei. Jahrhundertelang habe die Gefahr bestanden, daß sie einmal mit der Erde zusammenstoßen könnte. Mars sei in den ältesten Mythen noch eine relativ unbedeutende Gottheit gewesen. Dieser unmaßgebliche Mars habe dann aber die Venus in eine feste (Umlauf-)Bahn gebracht und sie zum Planeten werden lassen. Dieses kosmische Geschehen sei erstmals in den Werken Homers personifiziert dargestellt worden.

Von da an wurde – so Velikovsky – Mars zum angesehenen und mächtigen Planeten und Venus wechselweise zum Morgen- und Abendstern. Bezeichnenderweise wurde das Verhältnis zwischen Mars und Venus in den ältesten Überlieferungen als Liebesbeziehung beschrieben. Auf diese an sich hochinteressante Materie kann ich hier leider nicht näher eingehen. Wir können aus der griechischen Mythologie und Velikovskys Hypothesen – wie ich meine – nur einen Schluß ziehen: Mars war ein Gott, der Streitigkeiten mit Waffengewalt beilegte. Venus wird zum Symbol der Liebe und bezwingt mit eben dieser Liebe sowohl Götter als auch Menschen. Ein Abbild der uralten Relation zwischen Mars und Venus finden wir auch im menschlichen Körper.

Wie bereits gesagt, entspricht die Galle dem Mars-Prinzip. Die Bauchspeicheldrüse ist ein Phänomen des Venus-Prinzips. Die Galle liegt im Körper *rechts,* ist also der chinesischen Philosophie zufolge ein *Yang*-Organ. Yang steht für Männlichkeit, Aggressivität, Zentrifugalkraft usw.

Die Bauchspeicheldrüse liegt im Körper größtenteils *links,* sie zählt infolgedessen zu den *Yin*-Organen, die Weiblichkeit, Ausgewogenheit, Zentripetalkraft usw. verkörpern.

Die Liebe zwischen Mars und Venus – wie sie in der Mythologie zum Ausdruck kommt – finden wir gleichfalls im Körper: Sowohl die Galle als auch die Bauchspeicheldrüse münden letztlich im Zwölffingerdarm (Duodenum); dort treffen beider Kräfte zusammen.

Des weiteren wurde ausgeführt, daß die Bauchspeicheldrüse zwei unterschiedliche Hormone bildet und abgibt, das Insulin und das Glucagon – Gegenspieler sozusagen. Diese körperlichen Gegebenheiten zeigen sich kosmisch im Venus-Prinzip. Seit sich Venus in einer festen Bahn bewegt, tritt sie entweder als Morgenstern oder als Abendstern in Erscheinung, in zwei gegenteiligen Äußerungsformen also. Als Abendstern entspricht die Venus der Insulinbildungsfunktion der Bauchspeicheldrüse. Den alten Überlieferungen zufolge verlangt der Mensch gegen Abend nach Nahrung und Obdach; und dieses Verlangen muß gestillt werden. Genauer betrachtet bedeutet das nichts anderes als Förderung des Gleichgewichts und der Ausgewogenheit. Das Gleichgewicht zwischenmenschlicher Bindungen wird u. a. erreicht durch die Liebe (Venus), die sich zwei Partner entgegenbringen. Was der eine reichlich hat, wird mit dem anderen geteilt. Als Morgenstern ist Venus mit der Glucagonwirkung vergleichbar. Dem Glucagon fällt die Aufgabe zu, die gespeicherten Kohlehydrate (Zucker) freizusetzen. Zukker ist gleichbedeutend mit *Energie* und überdies auch ein Ersatz für *Liebe* (Süße). Im Christentum finden wir die Relation zwischen Venus als Morgenstern und der Energie freisetzenden Wirkung des Glucagons in der Person

Christi verkörpert. Er war es ja, der an die Möglichkeiten und Kräfte (Energie) des Menschen appellierte. Dies kommt in all seinen Gleichnissen zum Ausdruck; immer erinnert er seine Zuhörer an die ihnen verfügbaren eigenen Reserven an (harmonischer) Energie (Gaben und Fähigkeiten). Er forderte sie auf zu vergeben, damit sie dann mit »neuer« Energie weiterleben konnten. Eine Bestätigung dieser Zusammenhänge finden wir auch in der Tatsache, daß eines der meistgesungenen evangelischen Kirchenlieder mit den Worten beginnt: »Wie schön leuchtet der Morgenstern.« In dem um 1599 entstandenen Text stellt Philipp Nicolai (1556-1608) die Relation zwischen Venus als Morgenstern und Christus deutlich heraus.

Ein anderes Beispiel für die Beziehung Christus – Venus – Morgenstern – Glucagon haben wir in der Erzählung von der Geburt Christi, wo es heißt: »... denn sie hatten sonst keinen Raum in der Herberge« (Lucas 2,7). Den alten Überlieferungen zufolge gehörte das Obdachgewähren zum Abendstern Venus.

Ganz allgemein läßt sich also sagen, daß der Glucagon-Aspekt der Bauchspeicheldrüse zur Venus als *Morgenstern* paßt, da wir morgens die meiste Energie verbrauchen. Dem entspricht auch ein niederländisches Sprichwort, das so lautet: »Des Morgens in der Früh' beginn' mit neuer Energie.« Glucagon setzt Energie frei. Es ist bekannt, daß Venus nicht nur zu Ares (Mars) in einem besonderen Verhältnis stand. Ich denke da z. B. an ihre Beziehungen zu Alectryon, Adonis und Anchises – um nur einige zu nennen.

Konsequenterweise kann man nun die kosmischen Prinzipien mit Körperfunktionen in Verbindung bringen und zu dem Schluß kommen, daß es außer der oben geschilderten Venus-Mars-Relation noch zahlreiche andere gibt. Da jedoch bisher diese kosmischen Beziehungen und die ihnen entsprechenden körperlichen Symptome noch nicht genügend durchdacht sind, möchte ich hier nicht näher darauf eingehen. Es gibt also bestimmte Aspekte des Kohlehydratstoffwechsels, die sich aus kosmischer Sicht noch nicht erklären lassen – beispielsweise kann ich noch keine diesbezüglichen Aussagen über das Hormon Adrenalin machen, das zusammen mit dem Glucagon die Umsetzung von Glykogen in Glukose bewirkt. Eine Erklärung dieser Vorgänge wäre spekulativ und würde niemandem nützen. Begnügen wir uns also mit einer teilweisen aber effektiven Erklärung und hoffen wir, daß uns die Zukunft tiefere Einblicke in diese Materie gestattet.

Was können wir aus unserer Zuckerkrankheit lernen?

Zuckerkrankheit ist seit alters her bekannt. Bei den Griechen hieß sie *diabainein*, was soviel wie »durchgehen« bedeutet und im Wort Diabetes (wie der Mediziner sagt) anklingt. Die gängige wissenschaftliche Erklärung dieses Namens basiert auf der Tatsache, daß bei dieser Krankheit unverhältnismäßig viel Harn gebildet und ausgeschieden wird (Wasserdurchgang). Ich erkläre mir das Wort »Durchgang« anders. Beim Zuckerkranken ist der Energie(=Zucker)haushalt gestört. Das Wort »Durchgang« bezieht sich aber meines Erachtens nicht auf die großen Harnmengen, die ausgeschieden werden, sondern auf die Lebensmöglichkeiten (Energie), deren »Durchgang« behindert wird. Im Altertum ging man bei der Namensgebung häufig nicht vom Krankheitssymptom aus, sondern vom *Charakter* der Krankheit. Befassen wir uns nun näher mit dem Wort *diabainein*, so stellen wir fest, daß es sich dabei um eine Modifikation handelt, daß *diabainein* ursprünglich (um es bildlich auszudrücken) der Haltung eines Menschen entspricht, der sich mit gespreizten Beinen zu einem Übergang bereitmacht. Was fangen wir mit dieser Vorstellung an?

Die Bauchspeicheldrüse trägt zur Umsetzung (Übergang) der Glukose in eine leberspeicherfähige Verbindung bei. Ebenso trägt sie aber auch zur Umsetzung (Übergang) des gespeicherten Glykogens in Glukose bei. Der Schwerpunkt dieser Vorgänge liegt in der Leber. Wie oben bereits ausgeführt, entspricht die Leber kosmisch dem Jupiter-Prinzip. Jupiter regiert – astrologisch gesehen – das Tierkreiszeichen Schütze. Sinnbild des Schützen ist ein Kentaur – halb Mensch, halb Pferd –, der mit Pfeil und Bogen ein hohes Ziel (Ideal) anvisiert. Die Vorstellung liegt nahe, daß ein Mensch die Beine spreizt, um in dieser Haltung besser sein Ziel anvisieren zu können. Die Griechen gebrauchten meinem Dafürhalten nach das Wort *diabainein* nicht, um die Bauchspeicheldrüsenkrankheit zu beschreiben, sondern deren *Charakter*, nämlich eine gestörte *Ausrichtung* (Zielrichtung), eine Unfähigkeit, »sich mit gespreizten Beinen bereitzuhalten«, die teilweise Inaktivität der Leber (weil ja beim Diabetes unzureichend Glykogen gebildet wird).

Das Wort Diabetes bedeutet meiner Auffassung nach im übertragenen Sinne »Übergang«, denn bei dieser Krankheit ist ja der Übergang von einem Stoff in den anderen – von Glukose in Glykogen – gestört. Die kausale Erklärung des Namens halte ich für unwesentlich, wenngleich sie vom medizinischen Standpunkt aus auch durchaus einleuchtend ist.

Der Zuckerkranke kann nicht auf Energiereserven zurückgreifen. Das Gleichgewicht zwischen dem *Verwalten* (Insulin, Venus) und dem *Ausgeben* (Glucagon, Jupiter) ist gestört. Die Betreffenden können weder Zucker verwalten noch Liebe. Liebe ist nämlich das Ergebnis harmonischer Gefühle, die gespeichert werden. Liebe zwischen Mann und Frau führt zu dem Verlangen nach Fortpflanzung. Wenn heutzutage auch in immer stärkerem Maße Wert auf den persönlichen Genuß des Geschlechtsaktes gelegt wird, so glaube ich doch nicht, daß sich dies unabhängig von seinen Auswirkungen sehen läßt. Anhaltspunkte dafür sehen wir in jüngeren wissenschaftlichen Untersuchungen (u. a. von Terpstra und seinen Mitarbeitern in Leiden), aus denen hervorgeht, daß die Verwendung empfängnisverhütender Mittel wie der Pille eine Verminderung der Glukosetoleranz bewirkt. Die Unterdrückung der Folgen einer Liebesbeziehung hat offenbar körperliche Folgen: Der Zuckerhaushalt wird gestört.

Der Zuckerkranke muß – der Ursache seines Leidens entsprechend – lernen, entweder seine Energien zu speichern oder die vorhandene Energiekapazität nicht zu vergeuden.

Sobald ein Diabetes mellitus auftritt, wissen wir, daß es Probleme mit der Energie gibt, die wir für das uns vorschwebende Idealbild verwenden. Man muß dabei nach der eigentlichen Ursache suchen. Handelt es sich um Insulinmangel (Unfähigkeit zu verwalten) oder überwiegt der Insulin-Gegenspieler (Tendenz zuviel auszugeben)? Es ist bekannt, daß Menschen mit einer gewissen Diabetes – Prädisposition manchmal (und meist in Abhängigkeit von der vorletzten Mahlzeit) ihre körperliche Disharmonie dadurch zu kompensieren trachten, daß sie wie verrückt einkaufen. Wenn der Körper außerstande ist, Energie (Zucker) zu verwalten (zu speichern), verhält sich der Betreffende in sozialer Hinsicht entsprechend, er gibt zuviel Geld aus bzw. verausgabt sich ganz.

Der Mensch, dessen Kohlehydratstoffwechsel gestört ist, muß versuchen, die Materie zu beherrschen. Im kleinen fängt man beispielsweise damit an, sich nicht ständig neue Grünpflanzen zu kaufen, sondern die schon vorhandenen so zu pflegen (verwalten), daß man richtig Freude an dem »Verwalteten« bekommt.

Ferner muß der Zuckerkranke seine Bindungen an die Umgebung einer kritischen Prüfung unterziehen und zu der Erkenntnis gelangen, daß zur Erhaltung von Bindungen Energie und infolgedessen auch eine gewisse Energiereserve erforderlich sind.

Zuckerkrankheit ist äußerst unangenehm, hat aber auch ihre guten Seiten, wenn wir aus ihr lernen, nicht leichtfertig mit unserer Energie umzugehen; wir müssen uns immer ein Ziel setzen, in das wir unsere Energie investieren.

Zucker ist die stoffliche Äußerungsform von Liebe (u. a. erkenntlich an seiner »tröstenden Süße«). Der Zukkerkranke muß also lernen, die ihm entgegengebrachte Liebe richtig zu verarbeiten und zu erschließen. Gelingt uns das, so wird unser Kohlehydrathaushalt ausgewogener, und das wiederum trägt zur Steigerung unserer körperlichen und geistigen Potenz (=Kraft) bei. Man muß sich ein bißchen anstrengen, die »wahre« Liebe zu finden, damit man nicht der Versuchung unterliegt, einen Mangel an Liebe durch größeren Zuckerkonsum (Süßigkeiten!) zu kompensieren. Findet man aber, sei es auch nur ein kleines bißchen der für die körperliche und seelische Verfassung des Menschen so wichtigen Liebe, so muß man sie festzuhalten, d. h. hegen und pflegen *lernen*. Das Problem des Diabetikers ist die Unfähigkeit, physisch den Zucker und psychisch die Liebe »festzuhalten«. Einerseits bemüht sich der Zuckerkranke um Bindungen an andere (Liebe), andererseits stößt er bei einer zustande gekommenen Relation den Partner ab. Das führt nicht allein dazu, daß der Betroffene dann wieder einsam ist, er ist zugleich um eine Frustration reicher. Die soziale bzw. psychische Seite entspricht ganz und gar der körperlichen Situation. Der Insulinmangel hat zur Folge, daß der Kranke nur schwer Bindungen eingeht; gelingt es ihm jedoch, so reagiert er wie die Insulin-Antagonisten (Glucagon und Adrenalin), die die Wirkung des Insulins aufheben. *Der Zuckerkranke steht sich sozusagen selbst im Wege.* Für den Mangel an Kontakten und Bindungen (Liebe) ist nämlich weniger der andere, der Partner, verantwortlich zu machen, als vielmehr *der Zuckerkranke selbst.* Wenn ein Zuckerkranker und mehr noch ein Diabetesgefährdeter (potentieller Diabetiker) all diese Zusammenhänge durchschaut, hat er gute Aussichten, durch Selbsterziehung eine Besserung seiner Lage zu bewirken, so daß beispielsweise ein Mensch, der die Anlage zu Zuckerkrankheit hat, einem Durchbruch der Krankheit vorzubeugen vermag. Wahre Heilung erfahren wir nicht von außen; wahre Heilung kommt von innen und ist eine Folge der Bewußtwerdung von Situation und Umständen, in körperlicher und geistiger Hinsicht.

Muskeln und Gelenke (rheumatische Beschwerden)

Kosmisches Prinzip: Saturn, Mars

Das Skelett ist eine Äußerungsform des Saturn. Gelenkentzündungen können als Folge disharmonischen Zusammenwirkens von Mars (Entzündungen) und Saturn gesehen werden.

Das mikrokosmische Prinzip

Das griechische Wort »rheuma« bedeutet soviel wie »Fluß«, »Flut« oder »Fließendes«. Um was für einen Fluß es sich dabei handelt, wird sich später noch zeigen. Rheuma(tismus) ist heute mehr oder weniger ein Sammelname für Muskel- und Gelenkleiden schlechthin. Man unterscheidet verschiedene Formen von Rheumatismus. In der Schulmedizin gilt die Lokalisation – nämlich der Bewegungsapparat – als gemeinsamer Nenner für alle rheumatischen Krankheiten. Wenn sich auch recht unterschiedliche Formen dieser Krankheit nicht verleugnen lassen, so will ich doch von dem ausgehen, was typisch für sie alle ist, von den Bewegungsorganen – den Gelenken mit allem, was zu ihnen gehört. Die Schulmedizin kann sich noch nicht ganz erklären, wie Rheumatismus entsteht. Erbanlage, Wetterverhältnisse, soziale Umstände und Infektionen bringt man in ursächlichen Zusammenhang mit diesem Leiden. Da die Wissenschaft bezüglich der Ursachen noch ziemlich im dunkeln tappt, können sich therapeutische Maßnahmen begreiflicherweise nur auf die Bekämpfung der Symptome beschränken, d. h. auf Schmerz- und Entzündungslinderung sowie Versuche, irgendwelche Deformationen zu verhindern. Obgleich ärztlicherseits noch weitgehend Unklarheit über die Wurzeln rheumatischer Beschwerden herrscht, können wir doch versuchen, das Problem einmal von der a-kausalen Seite her zu betrachten. Dann gewinnen wir nämlich einen Einblick in die Hintergründe. Ziehen wir daraus die richtigen Konsequenzen, so rückt eine sinnvolle Behandlung des Leidens sicherlich in den Bereich der Möglichkeiten.

Bei unseren a-kausalen Überlegungen gehen wir vom griechischen Wort »rheuma« aus. An was für eine Flut bzw. an was für einen Fluß mögen die alten Griechen bei der Namensgebung wohl gedacht haben? Die Antwort ist so einfach wie einleuchtend: an eine Überschwemmung des Körpers mit *Harnsäure.*

Wir dürfen von der Annahme ausgehen, daß damals noch keine Möglichkeit bestand, das Blut chemisch zu analysieren. Trotzdem verstand man es, das Wesentliche einer Krankheit in ihrem Namen zum Ausdruck zu bringen. Möglicherweise wußte man bestimmte körperliche Anzeichen richtig zu deuten. Dieses Wissen ist uns im Laufe der Jahrhunderte offenbar abhanden gekommen. Obwohl es sich aber unserer Kenntnis entzieht, wie die Griechen einen Harnsäureüberschuß im Körper feststellen konnten, muß man aber doch davon ausgehen, daß ihnen vermutlich der Tatbestand als solcher bekannt war. Man hat seinerzeit wahrscheinlich noch nicht von »Harnsäure« gesprochen, wußte aber doch, daß dieser Stoff in den »Körpersäften« vorhanden war und bestimmte Symptome hervorrief. Es ist übrigens bekannt, daß die Griechen große Erfahrung mit Therapien besaßen, die auf Wiederherstellung einer gestörten Ausgewogenheit der »Körpersäfte« abzielten. An sogenannten Körpersäften unterschieden die alten Griechen Blut (san), Schleim (phlegma), gelbe Galle (chol) und schwarze Galle (melanchol).

Ein Zuviel (Flut) von Harnsäure im Körper spielt bei der Entstehung rheumatischer Beschwerden eine ganz wesentliche Rolle. Der schweizerische Arzt Maximilian Oskar Bircher-Benner (1867-1939) hat Anfang dieses Jahrhunderts auf dem Ernährungssektor unter besonderer Berücksichtigung der Harnsäurebildung echte Pionierarbeit geleistet. Befaßt man sich einmal genauer mit seinen Veröffentlichungen, so kommt man zu der Überzeugung, daß unleugbar Zusammenhänge zwischen Harnsäure, Ernährung und Rheumatismus bestehen und diese Dreieinheit untrennbar ist. Um so bedauerlicher finde ich es, daß die diätetischen Erkenntnisse und Richtlinien dieses brillanten Arztes so wenig in der Schulmedizin berücksichtigt werden. Möglicherweise hängt es damit zusammen, daß Bircher-Benner einen schlichten, für die breite Masse verständlichen Stil schrieb und auf komplizierte Formulierungen und Floskeln ganz verzichtete.

Ein Überschuß an Harnsäure wird im Gewebe (Muskulatur) und vor allem in den Gelenken deponiert. Hält der Zustand zu lange an, so kommt es zwangsläufig zu Schäden und schließlich auch zu Rheuma bzw. Gicht. Es stellt sich nun die Frage, wie es zu diesem Harnsäureüberschuß kommt. Nun, schuld daran ist hauptsächlich eine falsche Ernährung. Eiweißreiche und hier vor allem tierische Kost führt zu unverhältnismäßig starker Harnsäurebildung.

Unsere Vorliebe (Geschmack) für bestimmte Nahrungsmittel hängt eng mit unserer seelischen Verfassung zusammen. Es ist z. B. bekannt, daß Nervosität – abhängig von ihrer Art – ein ganz bestimmtes Eßverhalten mit sich bringt; und ein ungeliebter Mensch wird in der Regel ganz versessen auf Süßigkeiten sein.

Die Praxis hat gezeigt, daß die psychische Beschaffenheit eines Menschen mit einer gewissen Anlage zu Rheuma bewirkt, daß er stark harnsäurebildende Kost bevorzugt. Mit anderen Worten: Auch rheumatische Beschwerden beruhen letztlich auf einer Störung des Gleichgewichts zwischen Körper, Geist und Umständen.

Weshalb aber lieben Rheumatiker ausgerechnet eine stark harnsäurebildende Kost? Weil diese ihrer »psychischen Übersäuerung« (saturnale Krampfhaftigkeit) entspricht. Die zu dieser Gruppe gehörenden Nahrungsmittel sind vornehmlich Fleisch und Fleischerzeugnisse wie Wurst (vor allem fette), Sülze u. dgl., Eier, Kaffee sowie denaturierte Lebensmittel (gebleichtes, stark ausgemahlenes Mehl, Zuckerraffinade, polierter Reis usw.). Vollkornerzeugnisse und Hülsenfrüchte sind zwar auch Harnsäurebildner, aber bei weitem nicht in dem Maße wie die oben genannten Nahrungsmittel. Frischobst und Gemüse mögen Leute mit Anlage zu Rheuma weniger; dies sind keine Säure-, sondern Basenbildner.

Das makrokosmisch-mythologische Prinzip

SATURN: Bis zur Entdeckung des Uranus im achtzehnten Jahrhundert war Saturn der letzte in der Reihe der seinerzeit bekannten Wandelsterne (Planeten). Er ist weiter als die anderen von der Erde entfernt und der einzige mit einem »Ring« (saturnaler Schutzring). Die Mythologie weist Saturn als den jüngsten der Titanen aus, der Kinder des Uranos (Himmel) und der Gäa (Erde). Bei den Ausführungen über die Nerven habe ich bereits darauf hingewiesen, daß Saturn seinen Vater Uranos verstümmelte und dadurch (symbolisch) den Himmel vertrieb. Sein griechischer Name Chronos bedeutet soviel wie *Zeit*. Der Begriff Zeit ist kennzeichnend für das Saturn-Prinzip. Zeit ist für den Menschen etwas Begrenzendes (Ring). Sie gestattet es ihm, seine »Form« zu finden, weil sie abgrenzt. Andererseits kann sich das beschränkende Wesen der Zeit hemmend auf den Menschen auswirken, kann verkrampfen. Eine günstige Saturnstellung im Geburtshoroskop verleiht dem Betreffenden ein gutes Zeitgefühl, Gewissen und Pflichtbewußtsein (Verantwortungsgefühl). Ist die Position des Saturn im Geburtshoroskop hingegen ungünstig, so zeigt sich die hemmende Wirkung. Durch die Zeit also findet der Mensch seine Form, sein Format. Form ist die Folge einer Begrenzung und Beschränkung. Im Körper geben die harten Teile, die Knochen (Skelett) dem Menschen seine Form, seine Gestalt.

Saturn ist stofforientiert (das Skelett weist im Körper auch die größte stoffliche Dichte auf), d. h. fort vom Geist und hin zur Materie; Chronos vertrieb ja den Himmel (Uranos). In der Verdichtung des Stoffes kommt das Saturn-Prinzip am besten zum Ausdruck. Diese Verdichtung äußert sich u. a. im Begriff »*Zusammenziehung*«. Die disharmonische Form des Saturn-Prinzips kommt psychisch als *Angst* zum Ausdruck (mehr darüber in meinem Büchlein *Überwinde Angst und Furcht mit Kräutern, Edelsteinen und richtiger Ernährung).*

Im Körper zeigt sich dieses Prinzip in großer *Kälte*empfindlichkeit. Auch hier kann man wieder den Volksmund zitieren, der den Ausdruck »vor Kälte bibbern« ebenso benutzt wie die Redewendung »vor Angst bibbern«. Kälte fürchtet der Rheumakranke sehr. Ist der

Körper der Kälte ausgesetzt, so verschlimmert sich das Leiden. Psychisch empfundene Kälte wird durch solche Lebensmittel kompensiert, die zwar schützen und widerstandsfähig machen, dabei aber gleichzeitig starke Harnsäurebildner sind. Rheumatismus ist ein Phänomen des Saturn-Prinzips mit allen Konsequenzen.

Was können wir aus unseren rheumatischen Beschwerden lernen?

Vor allen Dingen muß der Rheumapatient zu der Einsicht gelangen, daß »Zeit« und »Gewissen« nicht unbedingt von hemmendem Einfluß zu sein brauchen. Ferner sollte er versuchen, etwas gegen seine Isolation, gegen das »Kaltgestelltsein« zu tun. Er muß dabei jedoch auf die Kompensation mittels falscher Ernährung verzichten und sich lieber dazu durchringen, innere Fröhlichkeit zu entwickeln und anderen Menschen gegenüber aufgeschlossen zu sein. Wer »kaltgestellt« wird, ist häufig selbst daran schuld, weil er sich seinen Mitmenschen gegenüber zu »saturnal« verhält, zu verantwortungsbewußt, zu ernst, zu schwermütig und oft auch zu unnachsichtig. Der Saturn-Mensch lebt nicht nur selbst diszipliniert, entsagungsvoll, ja, oft direkt asketisch (unter Einbeziehung von Selbstkasteiung), er beeinflußt durch dieses sein Verhalten auch andere, die in der Nähe eines Saturn-Menschen meinen, auf alle Lebensfreude verzichten zu müssen. So kommt es, daß man diesen (disharmonischen) Typ meidet, ihm entflieht. Er ist freilich von Natur aus ein Einzelgänger (Isolation, Abkapselung). Problematisch wird es für ihn, daß der Mensch ja nicht wirklich allein sein kann, daß er sich dann »kaltgestellt« fühlt –

und eben diese (psychische) Kälte löst oft rheumatische Beschwerden aus.

Beim saturnalen Menschen tritt gelegentlich ein rheumatisches Leiden ganz besonderer Art auf, die *Arthritis psoriatica,* von der vor allem die Knöchelgelenke betroffen sind, und bei der die Nägel typische Veränderungen zeigen. Rheumatische Beschwerden können auch dann auftreten, wenn der Betroffene von einem ihm nahestehenden Saturn-Menschen stark beeinflußt und beherrscht wird (auch wenn er selbst kein saturnaler Typ ist). Es kommt dann zu einer schier unerträglichen Einengung der »Bewegungsfreiheit«, weil er auf Schritt und Tritt den mahnend erhobenen Zeigefinger sieht, mit dem er ständig darauf hingewiesen wird, was er unterlassen müsse und wie er sich verhalten solle. Dadurch kann eine Beziehung unliebsam gestört werden, was dann auch nicht wieder rückgängig zu machen ist.

Unter diesen Umständen tritt nicht selten ein *chronischer Rheumatismus* auf, bei dem vornehmlich das *Binde*gewebe in Mitleidenschaft gezogen wird. Sowohl körperlich als auch umständemäßig steht hier die (Ver-)Bindung im Mittelpunkt.

Zusammenfassend läßt sich sagen, daß folgende Personenkreise gern zu rheumatischen Beschwerden neigen:

1. Typisch saturnale Menschen, deren Wesen andere abstößt. Solange dies nicht als unerfreulich oder belastend empfunden wird, zeigen sich keine rheumatischen Beschwerden. Sobald der Betroffene jedoch in eine Isolation gerät, unter der er leidet, äußert sich das (stofflich) gelegentlich in Form einer Arthritis psoriatica, bei der vornehmlich Haut (psoriasis) und Fingerknöchel geschädigt werden, die ja bei einer (körperlichen) Fühlungnahme (Kontakt) eine wesentliche Rolle spielen.

2. Menschen, die dem vom saturnalen Typ ausgehenden Einfluß nicht gewachsen sind. Meist handelt es sich dabei um reguläre Partner (z. B. Eheleute). Wenn sich einer nicht dem Einfluß eines ihm nahestehenden Saturn-Menschen zu entziehen vermag, kann chronischer Rheumatismus entstehen. Der Betroffene wird also psychisch wie auch physisch (Bewegungsapparat) gehemmt.

Der Rheumakranke muß lernen, sich zu *reinigen,* sich von der überschüssigen Harnsäure dadurch zu befreien, daß er sich entsprechend ernährt. Auch ein psychisches »Großreinemachen« ist vonnöten; d. h. der Rheumatiker muß die übertriebene Gewissenhaftigkeit ablegen und sonstige saturnal geprägte Zwänge abstreifen. Rheuma lehrt uns, die Wärme nicht zu unterschätzen und nicht auf sie zu verzichten. Wärme (Liebe) ist nämlich eine Urkraft, die alle Entwicklungs- und Entfaltungsprozesse fördert. Ich habe weiter oben bereits auf die Zusammenhänge zwischen dem Saturn-Prinzip und dem (Ge-)Wissen hingewiesen, auf die Unterscheidungsfähigkeit zwischen »gut« und »böse«. In diesem Leben geht es freilich nicht um »gut« und »böse«. Wir müssen vielmehr das zu gestalten versuchen, was Saturn vertrieben hat: Uranos, den Himmel, den Geist, die große Harmonie und Ausgewogenheit. Dann nämlich ist unser Gewissen nicht mehr ausschließlich Gradmesser für »gut« und »böse«, sondern ein Hilfsmittel, uns zu entfalten und unsere Persönlichkeit zu entwickeln. Dies ist möglicherweise die äußerste Sublimation des Saturn-Prinzips.

Rheumatische Leiden treten sicher nicht so häufig auf wie beispielsweise Diabetes mellitus. Sie dürften aber zu den ältesten Krankheiten zählen. Man kann sie als Folge der Überlastung ansehen, die der Mensch dadurch erlitt, daß er das Wissen um »gut« und »böse« überbewertete. Unser (Ge-)Wissen sollte uns nie zu einer drückenden Last werden, die uns hemmt und unsere Lebensfreude beschneidet.

Durch solche Überlegungen könnten wir (vor allem im Hinblick auf die Harnsäure) *versauern* und müßten alle sich daraus ergebenden Folgen tragen. Rheumatische Erkrankungen sind äußerst unangenehm. Wenn wir uns jedoch mit den Hintergründen dieses Leidens befassen, zeigt es uns auch seine »Sonnenseite«: Wir stoßen uns dann nämlich die Nase an »harten« (saturnalen) Dingen; und das ist unserer Gesundheit sehr förderlich. Also hüten Sie sich davor zu versauern – sowohl physisch als auch psychisch. Lassen Sie es nicht zu einer »Flut« (Rheuma) kommen, sondern entwickeln Sie innere Wärme!

Nieren, Haut und Augen

Kosmisches Prinzip: Venus, Mond, Saturn
Waage

Das mikrokosmische Prinzip

Zwischen Nieren, Haut und Augen gibt es *eine* Gemeinsamkeit: Sie haben die Aufgabe, den Körper von überschüssiger Flüssigkeit zu entlasten. Die Nieren scheiden Urin aus, die Haut sondert Schweiß ab, und die Augen erzeugen Tränen. Im Lichte der chinesischen Philosophie sind Nieren, Haut und Augen *Yin*-Organe, die vor allem der Reinigung dienen. Sie schwemmen Stoffe aus dem Körper, die nicht hineingehören. Das Wasser (Flüssigkeit) dient dabei als Transportmittel. Die auszuscheidenden Schadstoffe kann man wohl als verstofflichte disharmonische Gefühle bezeichnen.

DIE NIEREN: In den Nieren wird das Blut gefiltert; d. h. sie entgiften es. Zum besseren Verständnis dieser Vorgänge sollten wir bedenken, daß die im Blut befindlichen Schadsubstanzen in der Regel unterschiedlicher Herkunft sind. Unsere Nahrung kann beispielsweise dabei eine Rolle spielen (externe Ursache). An zweiter Stelle sind Gründe zu nennen, die im Körper selbst wurzeln; man denke nur an die Ausführungen über die Bauchspeicheldrüse (interne Ursachen). Und drittens können Schadstoffe entstehen durch das, was ich als Seelenkummer bezeichnen möchte. Das mag auf den ersten Blick zwar befremden, auf den zweiten jedoch leuchtet es ein.

Es ist eine bekannte Tatsache, daß die seelische Verfassung (psychische Konstitution) die sich im Körper abspielenden physiologischen Prozesse beeinflußt. Wenn sich jemand z. B. sehr aufregt (maßgeblich für die psychische Situation), kommt es zu stärkerer Adrenalinausschüttung (physische Reaktion).

Es hat sich gezeigt, daß die Nieren weitgehend auf psychische Vorgänge reagieren, vor allem wenn es um *Kummer* oder *Freude* geht. Frohsinn, Zufriedenheit, Wohlbehagen, ein Leben in völliger Harmonie mit der Umwelt – all dies deutet auf eine optimale Nierenfunktion hin. Wir können umgekehrt auch sagen, daß ein Mensch mit funktionstüchtigen Nieren einen frohen, zufriedenen und glücklichen Eindruck macht. Anders ist die Lage bei langanhaltendem Kummer. Kummer kann vielerlei Gründe haben. Es geht hier vor allem um

Gefühlsprobleme auf relationalem Gebiet. Wenn die Gefühle eines Menschen fortwährend verletzt, unterdrückt oder attackiert werden, sind häufig Nierenbeschwerden die Folge. Erschütterungen auf emotionaler Ebene führen zu einer »Verunreinigung« des Blutes; die Nieren müssen das ausbaden. Hält ein solcher Zustand zu lange an, werden die Nieren überfordert und versagen. Gefühlsprobleme, die sich auf die Nieren auswirken, sind in der Regel relationaler Natur. Ich denke da an eine Situation, in der es um eine nur schwer oder gar nicht lösbare Bindung geht, in welcher Gefühle unter sehr starken Druck geraten. Werden diese dann nicht immer wieder geäußert (Reinigungsprozeß), so stellen sich nicht selten Nierenbeschwerden ein. Die Gesamtkonstitution des Menschen ist in dieser Hinsicht unerbittlich. Können Disharmonien nicht auf dem einen Wege bereinigt werden, dann auf einem anderen. So kommt es, daß sich Probleme entweder psychisch äußern oder physisch oder im Bereich der Umstände. Diese Bereiche entsprechen im Grunde den drei Ebenen, auf denen sich das menschliche Dasein abspielt. Sowohl bei Pankreasbeschwerden als auch bei Nierenleiden besteht eine – allerdings nuancierte – relationale Unstimmigkeit.

DIE AUGEN: Ähnlich wie bei den Nieren gibt es auch zwischen Augen und relationalem Aspekt des menschlichen Seins einen engen Zusammenhang. Häufig nehmen die Augen einen ersten Kontakt zu einer Sache oder Person in unserem Umkreis auf. Die Augen drücken auch aus, wie wir gefühlsmäßig zu dem stehen, was wir gesehen haben (was also außerhalb der eigenen Person liegt). Eine der wichtigsten Ausdrucksmöglichkeiten unserer Augen ist das *Weinen.* Mit Hilfe der Tränen verarbeiten wir diejenigen Eindrücke, die wir nicht allmählich (z. B. durch die Nieren) zu bewältigen vermögen. Tränen sind gewissermaßen eine Notwehrmaßnahme des Körpers, sie stellen eine *akute* Entgiftungsaktion dar. Das geht aus der Tatsache hervor, daß Kinder leichter weinen als Erwachsene. Wenn sie in ihrem Lebensbereich Schwierigkeiten bekommen, und vor allem wenn sie diese noch nicht richtig verarbeiten können, brechen sie sofort in Tränen aus. Ihr Körper ist also offenbar nicht bereit, eine solche psychische Disharmonie »bei sich zu behalten«. Die Funktion der Augen entspricht nicht nur dem Venus-Prinzip (das sich vor allem im Relationalen äußert), sondern auch dem *Mond-Prinzip.* Mondtypisch ist alles, was im weiteren Sinne mit den Begriffen *Reaktion,* Widerschein, Widerspiegelung usw. umrissen werden kann. Für unsere Augen trifft das in zweierlei Hinsicht zu. Einmal bezeichnet man sie mit gutem Grund als »Spiegel der Seele« (die den eigenen psychischen Zustand zu erkennen geben d. h. widerspiegeln), und zum anderen »reagieren« die Augen auch deutlich auf das, was um uns herum geschieht. Letzteres tun allerdings auch andere Sinneswerkzeuge, die gleichfalls dem Mond-Prinzip entsprechen.

DIE HAUT: Wenn wir jemanden kennenlernen, so tun wir das zunächst einmal mit den Augen; an zweiter Stelle spielt dann die Haut eine wesentliche Rolle. Die durch die Haut zustande kommende Berührung ist relational von eminenter Bedeutung. Wir reagieren mit der Haut auf das, was wir berühren. In dieser Hautfunktion äußert sich das Mond-Prinzip. Die Haut wirkt darüber hinaus auch schützend und sichernd, was in den »Zuständigkeitsbereich« des Saturn-Prinzips fällt. Entscheidend für die (menschliche) Gestalt ist das Knochengerüst (zugleich Ausdruck der Begrenzung und Beschränkung); die »Feinheiten« jedoch werden durch die Haut ausgeformt.

Des weiteren steht die Haut – ebenso wie Nieren und Augen – in direktem Zusammenhang mit den Gefühlen. Geraten wir beispielsweise in eine Lage, die uns innerlich disharmonisch erschüttert, so bricht uns der *Angstschweiß* aus. In der Angst äußert sich das Saturnische, während der Schweiß dem Venus-Prinzip zuzuordnen ist.

Die verschiedenen Hautkrankheiten sind Versuche unseres Körpers, sich solcher Stoffe (Eindrücke aus unserem Umkreis) zu entledigen, die nicht dorthingehören. Der Körper »entläßt« sie gewissermaßen durch die Haut. »Offene Beine« und nässende Ekzeme sollte man deshalb auf keinen Fall mit Salben »zuschmieren«, denn wir hemmen dadurch natürliche Vorgänge, statt sie zu fördern.

Das makrokosmisch-mythologische Prinzip

VENUS: Ausführliche Darstellung Seite 157
Zusammenfassung: Venus ist die Göttin der Liebe, Schönheit und Harmonie – genau die Dinge, die für eine ausgewogene Beziehung von essentieller Bedeutung sind. Das Venus-Prinzip ist an allem beteiligt, was mit Bindungen oder Verbindungen in Zusammenhang steht.

SATURN: Ausführliche Darstellung Seiten 98 und 169
Zusammenfassung: Das Saturn-(bei den Griechen Chronos)Prinzip zeigt sich in allem, was mit Zeit, Form, Begrenzung, Beschränkung, Angst und Hemmungen zu

tun hat. Im Körper manifestiert sich das Saturn-Prinzip in den »harten Teilen«, beispielsweise in den Gelenken sowie in Gallen-, Nieren- und Blasensteinen. In der Hautfunktion zeigt sich sowohl das Saturn- (Abschirmung) als auch das Venus-Prinzip (Bindung, Gefühl).

MOND: Ausführliche Darstellung Seite 100
Zusammenfassung: Kennzeichnend für den Mond ist die Widerspiegelung. In den Mondphasen erkennt man die Reaktion auf den Sonne-Erde-Stand. Charakteristisch für den Mond ist eine gewisse Lieblichkeit. Mikrokosmisch ist das Mond-Prinzip für unsere Empfindungen »zuständig«, für unsere Eindrücke (für das also, worauf wir reagieren und was uns ergreift). Dabei spielen die Augen eine nicht unerhebliche Rolle.

Was können wir aus unseren Nieren-, Haut- und Augenleiden lernen?

Der Niederländer sagt: »Ich mache mir vor Lachen in die Hose.« Wer diese Redewendung vollinhaltlich begreift, dem wird auch aufgehen, was wir aus Störungen unserer »Gefühlsorgane« lernen können. Es handelt sich dabei nämlich um eine Binsenweisheit, in der einmal die psychische und zum anderen die physische Seite der Problematik zum Ausdruck kommt: »Vor Lachen« charakterisiert die seelische Verfassung, die Freude über einen harmonischen Kontakt mit unserer Umgebung (wobei es aber nicht um die Stauung von Gefühlen geht).. »In die Hose machen« sagt etwas über die körperliche Verfassung aus. Auch hier handelt es sich nicht um »Speicherprozesse« – ganz im Gegenteil: Der Betreffende ist psychisch von so hemmungsloser Fröhlichkeit befallen, daß auch Nieren, Harnleiter und Blase »fröhlich« d. h. hemmungslos aktiv werden.

Es braucht nun freilich nicht immer gleich zu solchen »Gefühlsausbrüchen« zu führen. Wichtig für Nieren, Haut und Augen ist es allerdings, daß es *regelmäßig* zu Äußerungen kommt – sowohl in physischer als auch in psychischer Hinsicht. Vor allem sollten Nierenleidende ihre Bindungen kritisch unter die Lupe nehmen und eventuelle Probleme nicht anstehen lassen bzw. stillschweigend mit ihnen weiterleben wollen. Klärende (reinigende) Aussprachen führen zu größerer Ausgewogenheit und damit auf den rechten Weg zu einer wirklichen, nachhaltigen Besserung. Der Nierenkranke ist meist ein Gefühlsmensch und muß sich als solcher selbst überwinden lernen, er sollte bemüht sein, eventuell aufkommende Ängste mit der jeweiligen Situation in Einklang zu bringen und so die rechte Ausgewogenheit zu erzielen. Dabei können u. U. »harte Worte« fallen. Genau solche harten Worte aber wirken oft besonders reinigend. Man kann nicht auf die Dauer immer nur den Kopf in den Sand stecken. Nierenbeschwerden geben Ihnen Gelegenheit, mit Ihren Gefühlen (Bindungen) ins reine zu kommen und sie optimal zu nutzen.

Wie schon gesagt, die großen kosmischen Prinzipien zeigen sich nicht nur im Makrokosmos oder in Mythenerzählungen, auch das Schrifttum zahlreicher Kulturepochen ist davon »durchtränkt«. So finden wir beispielsweise Zusammenhänge von Nieren, Gefühlen und Beziehungen (um die es hier ja gegangen ist) in den schönsten Passagen poetischer Prosa, die ich kenne, in den alttestamentarischen Psalmen. Ich denke da vor allem an den dritten Psalm, der von David auf der Flucht vor seinem

Sohne Absalom erzählt. Die historischen Gegebenheiten sind in 2. Samuel 15, 13 ff. nachzulesen. Es handelt sich dabei um die tragische Situation eines Bruchs des Vater-Sohn-Verhältnisses. Für David muß es ein einschneidendes Erlebnis gewesen sein. Seine Gefühle werden tüchtig durchgebeutelt. Hören wir uns einmal die entsprechende Passage aus dem 3. Psalm an:

Ein Psalm Davids, da er floh vor seinem Sohne Absalom.

Ach Herr, wie sind meiner Feinde so viel und setzen sich so viele wider mich. Viele sagen von meiner Seele: Sie hat keine Hilfe bei Gott.

Psalm iij.

David klaeght over de menighte ende trotzheyt sijner vyanden: troost ende sterckt sich daer tegen door sijn vertrouwen ende gerustheyt in Godt/ende veelvoudige ondervindinge sijnes genadigen bystants in verleden tyden/ ende bidt om syner/ ende der Kercken behoudenisse.

1 EEn Psalm Davids/ als hy [a] vloodt voor het aengesichte sijns soons Absaloms. [a] 2 Sam. cap. 15. 16. 17. 18.
2 O HEERE/ hoe zijn mijne tegenpartijders vermenighvuldight? vele staen tegen my op.
3 Vele seggen [1] van mijne ziele; Hy en heeft geen heyl by Godt/ Sela! [1] And. tot mijn ziele.
4 Doch ghy/ HEERE/ zijt een schilt [2] voor my/ mijn eere/ ende die mijn hooft opheft. [2] Ofte/ om my heen/ omtrent my. Siet Gen. 15. 1. Deut. 33. 29. Ps. 84. 12.
5 Ick riep met mijne stemme tot den HEERE/ ende hy verhoorde my van den bergh sijner heyligheyt/ Sela!
6 [b] Ick lagh neder ende sliep; ick ontwaeckte/ want de HEERE ondersteunde my. [b] Ps. 4. 9.
7 [c] Ick en sal niet vreesen voor tien duysenden des volcks/ die hen rontom tegen my setten. [c] Ps. 27. 3.

8 Staet op/ HEERE/ verlost my/ mijn Godt; want ghy hebt alle mijne vyanden op het kinnebacken geslagen/ de tanden der godtloosen hebt ghy verbroken.
9 [d] Het heyl is [3] des HEEREN; uwen zegen [4] is over uw volck/ Sela!

d Prov. 21. 31. Jes. 43. 11. Jer. 3. 23. Hosea 13. 4. Apoc. 7. 10. en 19. 1.

3 Offte, by den Heere.

4 And. zy

Psalm 3.

PSALM III.

1. Een Psalm Davids/ als hy vloodt voor het aengesichte syns soons Absaloms.

2. O HEERE/ hoe zyn myne tegenpartyders vermenigvuldigt? vele staen tegen my op.

Psalm 3.

3. Vele seggen van myne ziele; Hy en heeft geen heyl by Godt/ Sela!

4. Doch gy/ HEERE/ zyt een schilt voor my/ myne eere/ ende die myn hooft opheft.

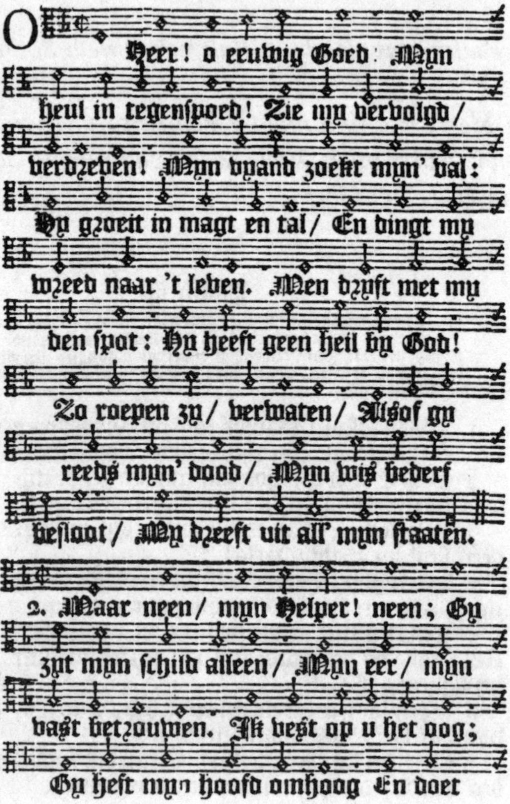

5. Ik riep met myne stemme tot den HEERE/ ende hy verhoorde my van den berg syner heyligheyt/ Sela!

6. Ik lag neder ende sliep; ik ontwaekte/ want de HEERE ondersteunde my.

7. Ik en sal niet vreesen voor tien duysenden des volks die hen rontom tegen my setten.

8. Staet op/ HEERE/ verlost my/ myn Godt; want gy hebt alle myne vyanden op het kinnebakken geslagen/ de tanden der godtloosen hebt gy verbroken.

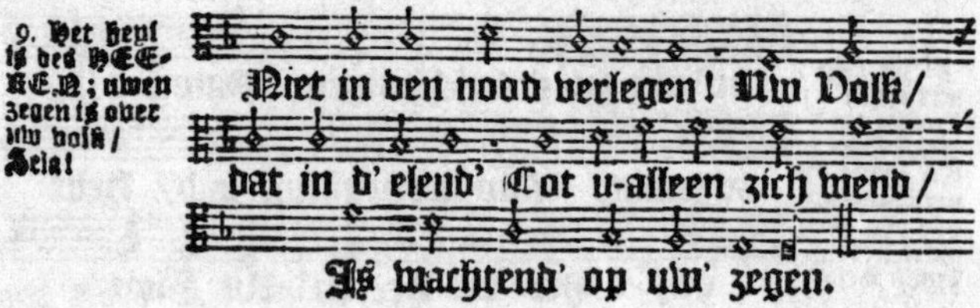

Dieser 3. Psalm Davids – in gereimter und in ungereimter Form – wurde einer alten Bibelübersetzung entnommen, die 1714 von Hendrick Schelte herausgegeben und gedruckt wurde.

Aus den ersten Psalmzeilen ist deutlich der hier besonders heftige Bindungskonflikt ersichtlich. Die Umgebung (zu der eine Beziehung besteht) wird als feindlich empfunden. Es handelt sich dabei um eine Schilderung derjenigen Phase, in der Klagen bzw. Beschwerden vorgebracht werden, ohne daß schon ein Einblick in die Zusammenhänge zwischen dem Phänomen und seinen eigentlichen Ursachen gestattet wäre. Dies kommt vor allem dort zum Ausdruck, wo es heißt: »Viele sagen von meiner Seele (Gefühls- und Empfindungsbereich): Sie hat keine Hilfe bei Gott (d. h. Unvermögen, mit den kosmischen Urkräften, dem Göttlichen in Beziehung zu treten).«

Dann heißt es im 3. Psalm weiter:

Aber du, Herr, bist der Schild für mich und der mich zu Ehren setzet und mein Haupt aufrichtet. Ich rufe an mit meiner Stimme den Herrn; so erhöret er mich von seinem heiligen Berge.

Diese Zeilen handeln von der Phase der *Bewußtwerdung* tieferer Konfliktgründe. Die Einsicht (das ist der Beginn des Heilungsprozesses) setzt sich durch und zwar in dem Augenblick, da eine Aussprache erfolgt. Die Bewußtwerdung (im ersten Teil des Zitats) führt zwangsläufig zum richtigen Handeln, was mit den Worten beschrieben wird »ich rufe an mit meiner Stimme«; in rezenteren Übersetzungen heißt es sogar »mit *lauter* Stimme«. Wenngleich es hier auch noch nicht um eine Wiederherstellung der gestörten Beziehung geht, so wird doch die einfachste Form einer Kontaktsuche angewendet (um die Beziehung wiederherzustellen), der Anruf. Hier zeigt sich eine gewisse Parallele zwischen der jüdischen und der altgriechischen Vorstellung von Gott – in beiden werden die »Werke Gottes« (sprich: die Manifestation kosmischer Prinzipien) von einem heiligen Berge aus sichtbar gemacht.

Und dann heißt es im 3. Psalm weiter:

Ich liege und schlafe und erwache; denn der Herr hält mich. Ich fürchte mich nicht vor vielen Tausenden, die sich umher wider mich legen.

Nachdem die Bewußtwerdung erfolgt ist, geht der Psalmist zum dritten Teil der Beschreibung eines *Reinigungs*prozesses über: *Schlaf.* Während des Schlafes reinigt sich nicht nur der Körper, sondern auch der Geist. Dann werden nämlich viele angestaute Eindrücke, die oft enervierend, unklar und verwirrt sind, im Unterbewußtsein geordnet und verarbeitet. Im Schlaf vollzieht sich ein Vorgang, der auf Erlangung kosmischer Harmonie ausgerichtet ist, indem das Zuviel ausgeräumt und das Verdrängte herausgestellt wird. So lassen sich die Worte »... und erwache, denn der Herr hält mich« erklären: Beim Erwachen (d. h. nachdem man wirklich ausgeruht und das innere Gleichgewicht zurückgewonnen hat) sind die kosmischen Prinzipien weitgehend geordnet (der Herr hält mich). Die Relation zu den kosmischen Gesetzen ist wiederhergestellt.

Dann folgt die Selbstüberwindung. Ich erwähnte bereits, daß es dem Nierenkranken häufig an Mut fehlt, weil er sich vor dem ängstigt, was die Konfrontation mit der gestörten Relation bewirkt. Wenn es also heißt, »ich fürchte mich nicht«, ist das Ausdruck einer Überwindung der eigenen Feigheit. Dann kommt wieder ein neues Element hinzu: War zu Beginn des Psalmes von Feinden die Rede, so heißt es nun »viele Tausende« (des Volkes). Aus den Feinden sind also Mitmenschen geworden. Ein weiterer Unterschied besteht darin, daß es eingangs »... setzten sich *wider* mich« heißt und später »ringsum«.

Das Wort »wider« (gegen) schließt aus, verhindert eine Annäherung; das Wort »ringsum« beinhaltet nicht nur Gefahr, sondern auch Schutz. Man muß also selbst entscheiden, ob man die um einen Gescharten als Feinde oder als Gefährten ansieht. Es heißt im Psalm zwar »umher wider«, was aber nur besagt, daß noch ein Weg aus den Disharmonien heraus gefunden werden *muß*. Der Zwang zur Harmonisierung besteht insofern, als sich der Erzähler nun nicht mehr um die Entscheidung herumdrücken kann, denn »ringsum« bedeutet auch »eingeschlossen sein«. Am Ende des Psalmes heißt es dann:

Auf, Herr, und hilf mir, mein Gott! denn du schlägst alle meine Feinde auf den Backen und zerschmetterst der Gottlosen Zähne. Bei dem Herrn findet man Hilfe. Dein Segen komme über dein Volk.

Diese Zeilen werden häufig so ausgelegt, als würden »die Gerechten« belohnt. Wenn ich dabei aber an die selbstgefällige Scheinheiligkeit denke, mit der manche (insbesondere kalvinistische) Frömmler diese Stelle interpretieren, habe ich gleich einen unangenehmen Geschmack im Mund (stoffliche Äußerungsform eines solchen Eindrucks).

In Wirklichkeit sind diese Zeilen weitaus weniger intolerant und »vergeltend«, als die bewußten religiösen

Kreise glauben. Hier wird der Herr ein zweites Mal angerufen (»Auf, Herr, und hilf mir, mein Gott!«). Der Erzähler äußert sich und bekundet danach seine Freude darüber, daß ihm die eigentlichen (kosmischen) Gründe bewußt geworden sind, und daß dadurch gewissermaßen »die Luft gereinigt ist«. Nicht er hat die (symbolischen) Feinde geschlagen; vielmehr hat das den Gesetzen der Urwahrheit entsprechende Leben die »Macht« der Disharmonien gebrochen; der beherrschende negative Einfluß auf die Psyche entfällt. Das Gefühl (Nieren) ist entlastet. Dies ist der Zeitpunkt, zu dem sich Möglichkeiten eines Auf- oder Ausbaus der eigenen Beziehungen eröffnen, wenn vielleicht auch alte Bindungsstörungen noch nicht vollkommen bereinigt und ins Gleichgewicht gebracht worden sind.

Schließlich beschreibt der Psalmist die Freude, die durch die psychischen Vorgänge ausgelöst wird: »Bei dem Herrn (Verkörperung der kosmischen Gesetze) findet man Hilfe (Harmonie).« Und weiter erhalten wir den Schlüssel zur wirklichen Genesung mit den Worten: »Dein Segen komme über dein Volk.« Daraus ist ersichtlich, daß die Bewußtwerdung kosmischer Harmonie (Segen), die der Erzähler gerade selbst erfahren hatte, auch in den Beziehungen zu anderen (Volk) erlebt werden kann, denen gleichfalls die Möglichkeit offensteht, sich all dieser Zusammenhänge bewußt zu werden. Entdecken Sie nur einmal die verborgene Schönheit dieses Psalms. Er ist eine Lebensweisheit für sich, die zwar in den Sitten und Bräuchen des alten Judentums eingebettet und in einer heute nur schwer verständlichen Sprache (u. a. Symbolsprache) aufgeschrieben ist, die aber eine Manifestation der großen kosmischen Zusammenhänge darstellt, welche jedes Geschehen tragen.

Beim Lesen einer so vollkommenen Darstellung der tatsächlichen Zusammenhänge aller Dinge befällt einen vielleicht ein »ehrfürchtiger Schauder«, man bekommt möglicherweise »feuchte Hände«, oder »die Tränen treten einem in die Augen« – und damit rundet sich das Bild von Nieren, Haut und Augen ab. Nach außen hin sind solche Phänomene lästig, aber die Erkenntnis der wahren Hintergründe ist gesund, da sie körperliche Reaktionen auslöst, die zur Erhaltung der Ausgewogenheit erforderlich sind. Wir müssen uns vorbehaltlos jener Weisheit öffnen, die *Gott sei Dank* zum Greifen nahe vor uns liegt. Wenn wir uns dazu aufraffen, hören Bibbern, Weinen und Urinieren, die feuchten Hände und was es sonst an Reaktionen der »Gefühlsorgane« auch immer geben mag, dank der Bewußtwerdung ganz von selbst auf, d. h. der Zustand normalisiert sich (harmonisches Gleichgewicht).

Erinnern wir uns zum Schluß an das, was Angelus Silesius sinngemäß einmal so formuliert hat: Wer den Himmel nicht mit Gewalt erobert, wird zur Strafe als Schwächling angeprangert.

Geschlechtsorgane und sexuelle Störungen

Kosmisches Prinzip: Mars, Venus, Pluto, Skorpion

Das mikrokosmische Prinzip

Der Fortpflanzungsprozeß läßt sich in drei Phasen zerlegen:

1. alles, was mit dem Geschlechtsakt zusammenhängt,
2. die eigentliche Befruchtung,

3. die Entwicklung des Befruchtungsergebnisses.
Die erste Phase umfaßt zwei Hauptelemente:
a. den psychischen Faktor, b. den physischen Faktor.

Unter dem physischen Faktor verstehe ich den Urtrieb zur Fortpflanzung (Erhaltung der Art). Im Fortpflanzungstrieb äußert sich die Kreativität (schöpferisches Prinzip) des Menschen. Er ist einerseits die primitivste Kreativitätsform, andererseits die Krönung des schöpferischen Prinzips (die höchste Stufe von Kreativität).

Um die eigentliche Funktion der Geschlechtsorgane begreifen zu können, müssen wir einen Vergleich anstellen zwischen kausalem Denken sowie der Stimme einerseits und der Leber sowie den Geschlechtsorganen andererseits. Dabei gehen wir von der bereits im Abschnitt über Kopfschmerzen erwähnten Gliederung des Menschen in einen *Denkpol* und einen *Lebenspol* aus.

Das *Gehirn* (kausales Denken) bildet das Zentrum des Denkpols. Die Kreativitätsfähigkeit des Denkpols (des kausalen Denkens) äußert sich mittels der Stimme (u. a. durch Singen und Sprechen). Durch die Stimme bringt der Mensch seinen »geistigen Geschlechtstrieb« zum Ausdruck.

Die *Leber* (analoges und bildhaftes Denken) stellt das Zentrum des Lebenspoles dar. Die Kreativität des Lebenspoles äußert sich mittels der Geschlechtsorgane. Durch sie gestaltet der Mensch seinen »physischen Geschlechtstrieb«. Die Geschlechtsorgane sind sozusagen die »Stimme« des Körpers.

Diese Gedankengänge führen zu der Folgerung, daß es eine Beziehung zwischen Wesen und Funktion der Stimme (Hals) und den Geschlechtsorganen geben muß. Man könnte von zwei Phänomenen sprechen, die – jedes auf seinem Gebiet – einander *grundsätzlich* analog sind.

Im Lichte der Astrologie erhalten wir dann folgendes Bild: Die Stimme (als zum Hals gehörend) ist ein Phänomen des Tierkreiszeichens Stier. Die Geschlechtsorgane sind Phänomene des Tierkreiszeichens Skorpion. Diese beiden Zeichen stehen in Opposition zueinander, d. h. sie stehen sich im Winkel von 180° diametral gegenüber.

Nach den Überlieferungen paßt das Pluto-Prinzip zum Charakter des Tierkreiszeichens Skorpion. Man sagt in der Astrologie: Pluto ist der Regent des Tierkreiszeichens Skorpion. Bis heute halten die Astrologen (abgesehen von wenigen Ausnahmen) die Venus für den Regenten des Tierkreiszeichens Stier. Th. Ram hat allerdings schon zu Beginn unseres Jahrhunderts auf die Fragwürdigkeit dieser Hypothese hingewiesen. In meinem Buch *Gesund sein mit Metallen* begründe ich meine Auffassung, daß nicht die Venus Regent des Tierkreiszeichens Stier sein dürfte, sondern der bislang noch nicht entdeckte Planet Persephone. Auf die mythologischen Hintergründe komme ich im folgenden noch zu sprechen.

Wenn wir mikrokosmische Äußerungsformen als Analogien zu makrokosmischen Prinzipien akzeptieren, leuchtet es ein, daß die Relation »Stimme – Geschlechtsorgane« nicht rein zufällig entstand, sondern tief in den kosmischen Prinzipien verankert ist.

Disharmonien in physischer oder psychischer Hinsicht werden hervorgerufen durch Störungen des *inneren Gleichgewichts.* Denkpol und Lebenspol müssen immer in einem ausgewogenen Verhältnis zueinander stehen. Wird der eine Pol über- oder unterbewertet, so wirkt sich das zwangsläufig auf den anderen aus. Konkret ausgedrückt heißt das: Was wir mittels der Stimme sagen (als Äußerung des Denkpols), ist nicht isoliert von dem zu sehen, was mittels der Geschlechtsorgane ausgedrückt wird (als Äußerung des Lebenspoles). Diese Relation kann sowohl passiver als auch aktiver Art sein. Probleme im Bereich des Lebenspoles können also unter Umständen ein Folge von Disharmonien im Bereich des Denkpols sein (passive Beeinflussung). Von einer aktiven Beeinflussung spricht man dann, wenn jemand beispielsweise Disharmonien im Bereich des Lebenspoles mit Hilfe des Denkpoles zu beseitigen trachtet, indem er ganz bewußt so harmonisch wie möglich lebt (siehe Darstellung auf Seite 194).

Zum Schluß sei noch auf einen weiteren Zusammenhang zwischen Stimme und Geschlechtsorganen verwiesen: Die Einteilung in *männliche* und *weibliche* Geschlechtsorgane entspricht den Eigenschaften der männlichen und weiblichen Stimmlage; denn es ist ja hinlänglich bekannt, daß Frauen in der Regel eine »hellere« Stimme haben, während die Männerstimme oft bis zu einer Oktave tiefer liegt.

Das makrokosmisch-mythologische Prinzip

PLUTO: In der griechischen Mythologie ist Pluto (Hades) sozusagen »der Zeus der Unterwelt«. Er ist der Allgewaltige im Reich der Schatten, in das jeder Sterbliche einmal eingeht. Die Unterwelt wird gelegentlich als Negativum dargestellt. Vielfach herrscht die Auffassung, es bestehe ein gewisse Übereinstimmung zwischen der Unterwelt der Griechen und der Hölle der Christen. Dieser Ansicht bin ich freilich nicht. Um sich ein richtiges Bild von Pluto und der Unterwelt machen zu können, muß man zunächst einmal eine Erklärung dafür suchen, daß die Unterwelt den griechischen Sagen zufolge sogar von den Unsterblichen gefürchtet wurde. Einen nicht unerheblichen Beitrag zur Lösung dieser Problematik hat der bekannte Neurologe und Psychologe Sigmund Freud (1856-1939) geleistet. In seiner (meines Erachtens allerdings stellenweise recht einseitigen) Theorie nimmt die »Libido sexualis« eine Vorrangstellung ein. Freud vertritt die Auffassung, daß alle Triebenergie (d. h. unser Tun und Lassen) genährt wird von einem »Unterstrom« unspezifischer erotischer und sexueller Triebe. Zwei Dinge sind dabei von Bedeutung:

1. der Aspekt der Sexualität,
2. die von Freud konstatierte Verbindung zwischen Sexualität und Unterbewußtsein.

Ein Großteil des menschlichen Tuns wird vom Unterbewußtsein »gesteuert«. Die Unterwelt der Griechen ist die mythologische Darstellung des menschlichen Unterbewußtseins. In der Mythologie ist Pluto der Beherrscher der Unterwelt. Freud sagt, das Unterbewußtsein werde von unspezifischen sexuellen Trieben beherrscht. Daraus läßt sich ableiten, daß Pluto und Sexualität einander entsprechen. So hat Freud, ohne sich dessen bewußt zu sein, mit seiner »Libidotheorie« erstmals in der Geschichte der Menschheit die wissenschaftliche Erklärung für ein kosmisches Prinzip gegeben, das wahrscheinlich seit eh und je bestanden hat und u. a. in der griechischen Mythologie in vereinfachter Form bildhaft dargestellt ist. Es ist bezeichnend, daß die mikrokosmische Äußerungsform dieses Prinzips, d. h. die zu Beginn des 20. Jahrhunderts entwickelte Freudsche Theorie, zeitlich in etwa mit der Entdeckung des Planeten Pluto (1930) als makrokosmischem Element zusammenfällt. Ein ähnliches Phänomen der Gleichzeitigkeit konnte man bereits bei der Entdeckung des Uranus und des Neptun feststellen

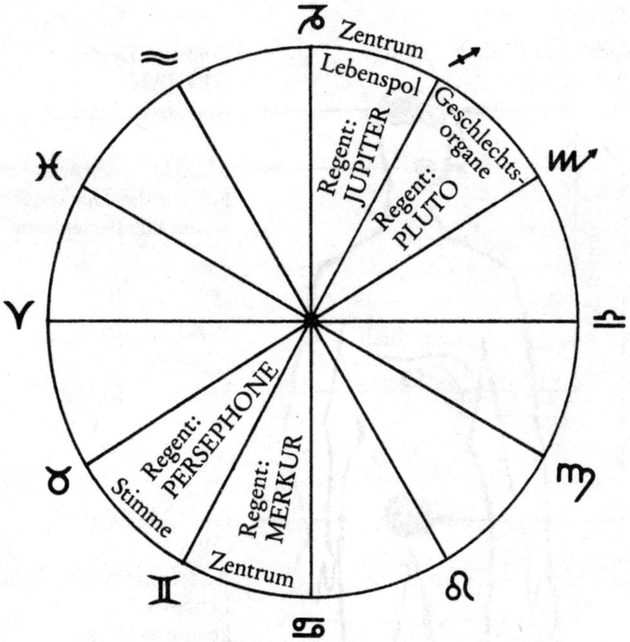

Auch im Horoskop stehen die beiden Zentren in Opposition (180°) zueinander.

Schematische Darstellung von Denk- und Lebenspol mit den ihnen entsprechenden Bereichen:

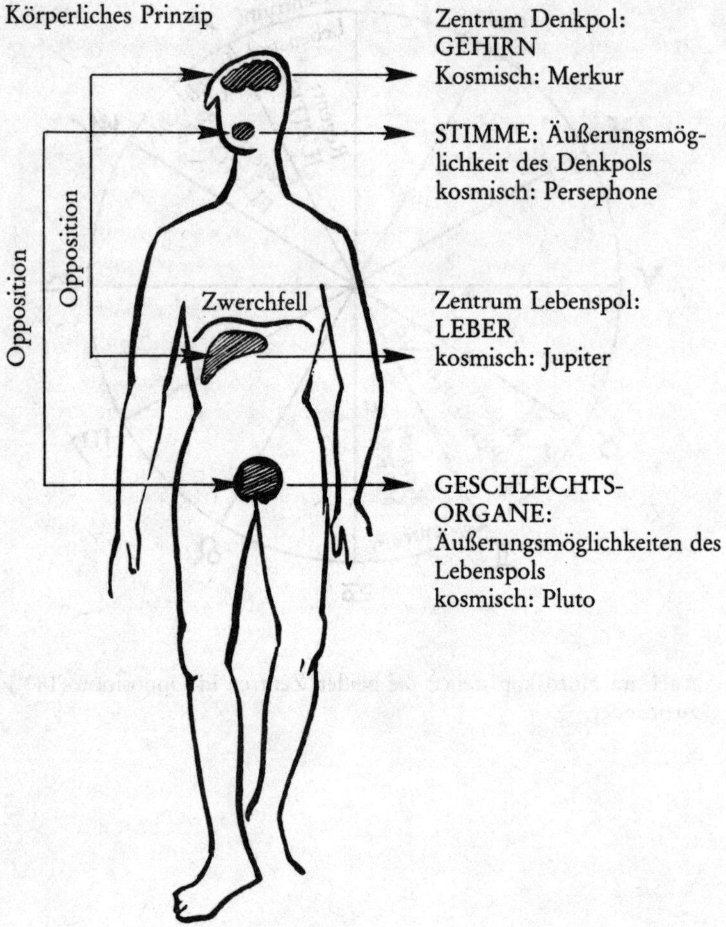

(wie ich in meinem Buch *Gesund sein mit Metallen* dargelegt habe).

Wenn sich uns im Makrokosmos ein neuer Planet zeigt, so wirken sich seine spezifischen Kräfte auf das Geschehen im Mikrokosmos aus; d. h. es treten Phänomene auf, die dem Wesen dieses Wandelsterns – d. h. dieser sichtbar gewordenen Macht – entsprechen.

Lassen Sie uns nun zur Unterwelt zurückkehren. Ihre mythologische Darstellung läßt sich mit der Situation vergleichen, die man «Unterbewußtsein« nennt.

Hier stellt sich nun die Frage: Weshalb fürchtet man sich so vor der Unterwelt? Die Antwort ist einfach, wenn wir uns vor Augen halten, welche Folgen die Bewußtwerdung der sich im Unterbewußtsein abspielenden Prozesse für das menschliche Sein hat. Wir können das Unterbewußtsein mit einem Abfalleimer vergleichen, in dem sich ein Sammelsurium all dessen befindet, was im hellen Tageslicht nicht »verarbeitet« werden kann. Kommt einem das alles zum Bewußtsein, so kann dies zu gravierenden Umstellungen in unserem Leben führen. Der Einblick ins Unterbewußtsein verpflichtet uns zu einer ganz klaren Entscheidung für das, was zu einer Harmonisierung beiträgt oder für das, was uns disharmonisch beeinflußt. In der Unterwelt vollzieht sich etwas ganz ähnliches: Pluto saß ja inmitten dreier Richter, die über die vor ihnen auftauchenden Schatten ihr Urteil sprachen.

Abschließend noch etwas zu den Träumen. Es ist ja bekannt, daß Träume regulierend wirken. Sie schaffen gewissermaßen Ordnung in dem Chaos, das in unserem Unterbewußtsein herrscht. Wie bereits gesagt, ist der Traum eine Äußerungsform des Jupiter-Prinzips und in der Leber ansässig. Dort entstehen also die »Bilder«. Funktioniert die Leber nicht richtig, so leidet das Traumleben darunter; der Betreffende wird zum *Hypochonder.* Unter einem Hypochonder versteht man einen Menschen, der unter der Last eines chaotischen Unterbewußtseins zu leiden hat. Analog dazu sehen wir den Komplex der griechischen Gottheiten: Zeus (Jupiter, Leber) war der oberste Gott, der alle Dinge regelte und die Welt beherrschte. Er sorgte dafür, daß das Leben nicht durch unbewußte Regungen seiner Mitgötter zu stark behindert wurde. Stellen wir die Sexualität in diesen Kontext, so entsteht folgendes Bild: Die Befruchtung als Teil des gesamten Fortpflanzungsprozesses ist ein Phänomen des Pluto-Unterwelt-Prinzips. Der Anlaß zur Befruchtung steht ganz im Zeichen der Unterbewußtseinsprozesse. Zum Zeitpunkt der Befruchtung findet eine Konfrontation mit den Elementen statt, die unser eigentliches Sein in sich bergen.

VENUS: Ausführliche Darstellung Seite 158
Zusammenfassung: Das makrokosmische Venus-Prinzip läßt sich in dem Begriff *»Bindung«* zusammenfassen. Bei allem, was mit Liebe, Kunst, Schönheit usw. zusammenhängt, nimmt das Relationale eine Zentralstellung ein. Das Venus-Prinzip erkennen wir in der einem Geschlechtsakt vorausgehenden Situation – die Partnerbindung aus Liebe und Zuneigung.

MARS: Ausführliche Darstellung Seite 146
Zusammenfassung: Typisch für das makrokosmische Mars-Prinzip ist die *Leidenschaft.* Im Sexualleben äußert sie sich in Tatkraft, Energie und in dem »Feuer« der Erregung, die den Geschlechts*akt* erst zustande kommen läßt.

Wenn wir das Venus- und das Mars-Prinzip modern ausdrücken wollen, so sagen wir »Liebe« und »Sex«.

Was können wir aus den Problemen lernen, die sich im Bereich der Geschlechtsorgane bzw. der Sexualität ergeben?

Probleme im Bereich der Geschlechtsorgane und der Sexualität kann man nur im Zusammenhang mit dem menschlichen Unterbewußtsein sehen. Bildhaftes wird in der Leber erzeugt und im Unterbewußtsein gesammelt. Optimale Kreativität wurzelt in unserem (bildhaften) Vorstellungsvermögen. Echte Kreativität kann nie auf kausal-rationalen Denkprozessen basieren. Diese Denkweise hilft lediglich bei der *Ausführung* (Darstellung) derjenigen Bilder (der kreativen Impulse), die im Unterbewußtsein gespeichert sind. Das kausale Denken hat eine dienende und ausführende Funktion. Es darf nie zum Selbstzweck werden. Herrscht Chaos in unserem Unterbewußtsein (in unserer »Unterwelt«), so leidet die Kreativität darunter. Grob vereinfachend ausgedrückt, gibt es dann zwei Möglichkeiten:

1. Wir sind nicht in der Lage, kreativ zu sein und etwas zustande zu bringen.
2. Wir sind kreativ, erzeugen aber »Ungetüme« (Mißbildungen, die ganz unserer inneren Disharmonie entsprechen).

Ist unser Unterbewußtsein in einer Verfassung, die es uns verbietet, in irgendeiner Weise kreativ (also schöpferisch) zu sein, so kommt das höchstwahrscheinlich in Funktionsstörungen der Geschlechtsorgane zum Ausdruck; schlimmstenfalls kann es zu Krebsbildung führen (darüber später mehr).

Der Hauptgrund ist jedoch nicht die disharmonische Verfassung unseres Unterbewußtseins, sondern eine Disharmonie der Leberfunktionen und eine Störung des

»Nachtlebens«, worunter hier der *Schlaf* (!) samt den Träumen verstanden wird. Wir leben in einer Zeit, in der der Mensch oft und ausgiebig ein »disharmonisches Nachtleben« zu Lasten eines harmonischen (Schlaf) führt. Schlafstörungen lassen sich kaum durch die Bekämpfung der Symptome beheben, eher schon durch eine Sanierung der Leber als Voraussetzung für einen guten Schlaf. Bei infektiösen Erkrankungen der Geschlechtsorgane sind weniger die Bakterien oder Viren als solche dafür verantwortlich zu machen, sondern die Tatsache, daß man ihnen als einer von außen drohenden Gefahr den Zutritt zum Körper verschafft. Sie nehmen ja den Weg des geringsten Widerstandes, das ist die konstitutionell schwächste Stelle des Körpers.

Zusammenfassend läßt sich sagen, daß Erkrankungen der Geschlechtsorgane Aussagen darüber machen, wie wir unsere Kreativität nutzen oder auch ungenutzt lassen.

Störungen auf sexuellem Gebiet wurzeln entsprechend der bei 2. gemachten Ausführungen in unserem Unterbewußtsein. Es entstehen dabei »Mißbildungen«. Dies kommt auch vielfach in der Gegenwartskunst zum Ausdruck. Für den Betroffenen selbst ist diese Form unbewußter Disharmonien – zunächst jedenfalls – weniger frustrierend als eine totale Unfähigkeit, kreative Impulse überhaupt zum Ausdruck bringen zu können. Es besteht in diesem Falle doch wenigstens die Möglichkeit, Kreativitätsimpulse auszudrücken, wenngleich auch in einer Form, die ganz der Situation im Unterbewußtsein entspricht: Unordnung, Chaos, Disharmonie. Jede kreative Äußerung hat auch einen *relationalen* Aspekt. Die Zeugungsfähigkeit eines Menschen, d. h. die Fähigkeit, schöpferisch tätig zu werden, hängt immer von einem Partner ab. Insofern können wir Kreativität und Kunst als wichtige soziale Bindungsfaktoren ansehen. Im Schöpfungswillen bzw. in der Zeugungsbereitschaft trifft der Mensch mit seinem Partner zusammen. Das Wesen dieser Begegnung wird weitgehend bestimmt von Tiefe und Wert der Zeugungsbereitschaft. Die Vereinigung zweier Menschen wird also durch eventuelle Disharmonien nachteilig beeinflußt.

Es wurde bereits gesagt, daß die Sexualität in engem Zusammenhang mit dem Unterbewußtsein steht und dadurch unser Tun und Lassen geprägt wird. Disharmonische Kreativität äußert sich übrigens auch auf sexuellem Gebiet. Der sexuelle Kontakt mit einem Partner weist Merkmale des im Unterbewußtsein herrschenden Chaos auf und gerät dadurch zu einem Schöpfungsakt mit negativem Vorzeichen. Sex ist unter diesen Umständen kein Ausdruck innerer Harmonie, sondern eher der Gewalt und Disharmonie.

Aus sexuellen Störungen können wir die Lehre ziehen, daß wir unserer Leber und unserem »Traumleben« mehr Beachtung schenken sollten. Außerdem müssen wir lernen, das, was wir geschaffen haben, kritisch unter die Lupe zu nehmen. Wer in sexueller Hinsicht Probleme hat, der steht auf der Grenze zwischen Welt (oben) und Unterwelt (unten); gelegentlich trifft das auf jemanden sogar wortwörtlich zu. Gestalten sich die Probleme so, daß der Betroffene tatsächlich »in die Unterwelt« gerät, so wird er mit der eigentlichen Unterwelt, dem Unterbewußtsein nämlich, konfrontiert. Das kann ein entsetzliches Erlebnis sein. Wer imstande ist, eine solche Erfahrung zu bewältigen, der vermag die jedem Menschen angeborene Kreativität voll zu entfalten. Ein niederländisches Sprichwort verdeutlicht das mit den Worten: Je größer der Geist, desto größer das Tier. Menschen, die auf sehr hohem Niveau schöpferisch tätig sind, wissen vielfach recht gut, was es heißt, auf sehr niedrigem Niveau schöpferisch tätig zu sein. Die Geschichte hat uns gelehrt, daß aus den bizarrsten disharmonischen Zuständen nicht selten wunderbare Schöpfungen von bleibendem Wert hervorgegangen sind.

Die Bewußtwerdung des Pluto-Prinzips entspricht der Bewußtwerdung menschlicher »Urkreativität«; und dies sollte man nicht unterschätzen.

Krebs – eine plutonische Krankheit

Im Grunde genommen ist Krebs gar keine Krankheit. Eine Krebsgeschwulst ist eigentlich die Äußerungsform eines disharmonischen Schöpfungstriebes; sie gehört an sich nicht in den Körper. In den obigen Ausführungen wurde dargelegt, daß Befruchtung und Zellteilung, die beim Fortpflanzungsprozeß die Hauptrolle spielen, Äußerungsformen des Pluto-Prinzips sind. Das Phänomen Krebs ist hiervon eine disharmonische Analogie. Eine Krebswucherung ist die Folge eines nicht zum Zuge kommenden Schöpfungsdranges. Wenn ich eben sagte, man möge die »Urkreativität« (unseren Schöpfungstrieb) nicht unterschätzen, so nicht ohne Grund. Verwehrt man nämlich seiner Kreativität – sei es, weil man langfristig daran gehindert wird, sei es, weil man sie selbst unterdrückt – alle Entfaltungsmöglichkeiten, so nimmt der Körper diese Behinderung des eigentlichen Schöpfungstriebes nicht klaglos hin. Wenn er *nichts* auf harmonische Weise aufzubauen und zu gestalten (zu schöpfen) vermag, so tut er es eben auf disharmonische Weise. Die Folge ist eine fatale Gewebewucherung, eine Geschwulst, die unter Umständen krebsig entartet. Auslösendes Moment mögen durchaus karzinogene (krebserregende) Stoffe sein, doch die Wurzeln des Übels sind nicht-stofflicher Art (wenngleich sie dem Pluto-Prinzip entsprechen). Bestimmte Stoffe werden nämlich erst dann wirklich gefährlich, wenn die Gesamtkonstitution des Betroffenen so ist, daß die disharmonische Wirkung überhaupt erst eintreten kann. So wird beispielsweise ein Empfängnisverhütungsmittel von der einen Frau recht gut vertragen, während es bei der anderen Krebs erzeugt. Eine von Natur aus wenig schöpferisch veranlagte Frau dürfte kaum Probleme bekommen, wenn sie ihr Schöpfungsvermögen (die Fruchtbarkeit) unterdrückt. Für sie stellt also die »Pille« keine *direkte* Gefahr dar und wirkt sich auch auf andere Körperfunktionen nicht störend aus. Ganz anders verhält es sich bei einer Frau, die stark schöpferisch und kreativ veranlagt ist. Bei ihr bewirkt die »Pille« eine Hemmung ihres Naturells bzw. eine absolute Unterdrückung des Schöpfungsvermögens. In einer solchen Situation sind die Aussichten, daß im Körper disharmonische (neue) Formen entstehen, sehr groß. Der Körper widersetzt sich der Unterjochung und fängt trotzdem an zu bauen und zu gestalten. Typisch ist meiner Ansicht nach, daß gerade heute, wo das Einnehmen der »Pille« an der Tagesordnung ist, der Kampf um die Gleichberechtigung der Frau leidenschaftlicher denn je zuvor entbrannt ist. Die Frau will partout des Mannes Gleiche sein. Die eigentliche Ursache dieser Emanzipationsbewegung ist freilich weniger in unwürdigen Lebensumständen der Frau zu sehen und auch nicht so sehr darin, daß sie mehr Rechte für sich fordert, sondern schlicht in der Tatsache, daß durch die »Pille« ihr weibliches Schöpfungsvermögen unterdrückt wird. Die Natur regt dann gewissermaßen die Frau an, nach Kreativitätsalternativen zu suchen, weil sonst die Naturbestimmung des Körpers zu kurz kommt. Also will die Frau Ebenbild des Mannes und so wie er (d. h. ohne hemmenden Einflüssen ausgesetzt zu sein) tätig werden. Bedauerlicherweise begreift sie aber nur selten, daß sie damit ihre Weiblichkeit verleugnet. Die Frau sollte sich klarmachen, daß es hier keineswegs um Mehr- oder Minderwertigkeit geht. Sie muß vielmehr den Mann dazu bringen, ihre typisch weiblichen Schöpfungsmöglichkeiten zu würdigen. Damit würde sich das Einnehmen der »Pille« erübrigen.

Ein harmonisches Sozialgefüge besteht nicht aus »Gleichgestellten« und »Gegenüberstehenden«, sondern aus »Gegenteilen«. Gleichgestellte lösen eine Art »Einbahnverkehr« aus; Gegenüberstehende stoßen einander ab und schließen sich gegenseitig aus. Die Vorstellung von den Gegenteilen jedoch beinhaltet Harmonie. Gegenteile ergänzen sich, werden zur harmonischen Einheit, zu einem Ganzen. Wir müssen wieder in den Kategorien der natürlichen Gegenteile zu denken lernen – Tag und Nacht, Mann und Frau, innerlich und äußerlich usw. Wir sollten nicht danach streben, einander zu gleichen, sondern einander zu ergänzen.

Professor Henri van Praag schreibt zu dieser Thematik in seinem Buch *Sleutel tot de I Tjing* (Schlüssel zum I-Ging) folgendes: »Typisch für ein neues Stadium im Kosmos (lies: Schöpfung) ist *die Einheit der Gegenteile* und *die Aussöhnung der Gegensätze.* (Der Hinduismus lehrt, daß der Weise nicht mehr auf den Pfaden der Gegensätze wandelt und nicht mehr in den Kategorien der Gegensatzpaare denkt.)«

In der alten chinesischen Philosophie finden wir dieses Urprinzip in den Begriffen Yin und Yang.

Nach dem Gesetz der Gegenteile bewahrt der Mensch das Kolorit und den Kontrast seiner Beschaffenheit.

Konfuzius sagt, die Erhaltung des Kontrasts sei eine natürliche Voraussetzung für die Vereinigung.

Eine Störung im Bereich des Sexuellen kann man kaum als »lästig« bezeichnen, sie ist mehr als das, sie ist schlimmer. Sie bedeutet eine Attacke auf unsere tiefverwurzelte Schöpfungskraft. Werden wir uns jedoch der Einheit der Gegenteile bewußt und es gelingt uns dadurch, unser Unterbewußtsein zu harmonisieren, so kann man mit Fug und Recht sagen: *Krank sein – lästig aber doch gesund.*

5
Alles schön und gut – aber was tut man, um von einer Krankheit geheilt zu werden?

Dann sprach Jesus zu dem Hauptmann: Gehe hin, wie du geglaubt hast, so soll dir geschehen. Und von jener Stunde an ward der Knecht gesund. *(Matthäus 8,13)*

Der Mensch sucht, seit er denken kann, nach Mitteln und Möglichkeiten zur Bewältigung seiner körperlichen Leiden. Desungeachtet gibt es nach wie vor Krankheiten; und immer wieder stellen sich physische und psychische Störungen beim Menschen ein. Die Schulmedizin befaßt sich vornehmlich mit der Untersuchung körperlicher und seelischer Unpäßlichkeiten und trachtet sie zu beheben. Die nicht-universitären Heilmethoden hingegen beziehen meist den gesamten Menschen in ihre Behandlung ein. Vertreter beider Richtungen haben Beachtliches geleistet und tun es noch. Die Schulmedizin kann stolz (?) sein auf die Erfindung der Antibiotika, die es ihr erlauben, Infektionskrankheiten wirkungsvoll (?) zu bekämpfen; jedenfalls wurde durch diese Mittel in ihrem Anwendungsbereich eine erhebliche Senkung der Sterblichkeitsquote erzielt. Mit nicht-universitären Heilverfahren konnten dafür recht gute Erfolge bei der Behandlung chronischer Leiden verbucht werden.

Sind wir jedoch ehrlich, so müssen wir zugeben, daß weder die Schulmedizin noch die alternativen Heilverfahren uns zu einer wirklichen Gesundheit verhelfen können. Lesen wir beispielsweise in einer naturheilkundlich orientierten Zeitschrift, daß Krebs dadurch heilbar sei, daß der Kranke täglich ein Glas frisch gepreßten Rote-Rüben-Saft trinkt, so wollen wir keinesfalls die guten Absichten des Verfassers in Frage stellen, müssen uns aber zugleich überlegen, ob solche Empfehlungen sinnvoll sind. Sehen Sie, die Schulmedizin ist sich durchaus darüber im klaren, daß sie größtenteils nur Symptome behandelt. Auch weiß der Arzt, daß so gut wie alle Medikamente – noch dazu wenn sie über einen längeren Zeitraum hinweg verabreicht werden – schädliche Nebenwirkungen haben, aber er zieht nicht die Konsequenzen aus diesem Wissen, er handelt also wider besseres Wissen. Gegen die alternativen Heilmethoden wäre einzuwenden, daß sie im Grunde ganz so vorgehen wie die Schulmedizin, nur daß sie »harmlosere« Medikamente verwenden. Die naturheilkundlichen Lehrbücher platzen fast vor Mittelchen gegen Krebs, Nierensteine, Gallensteine, Herzbeschwerden, Rheumatismus usw. Und wie steht es mit den Erfolgen? Nun, dann und wann kann die Naturheilkunde sicher spektakuläre Heilungen verzeichnen. Das berechtigt aber noch nicht dazu, das verwendete Medikament als Mittel gegen das betreffende Leiden schlechthin anzupreisen. Nein, wenn das so einfach wäre, wie es uns die zahlreichen einschlägigen Bücher glauben machen wollen, dann gäbe es schon längst keine Krankheiten mehr. Meines Erachtens packt man die ganze Sache falsch an. Viele Naturheilkundige werfen den Ärzten vor, daß sie die Krankheit behandeln, ohne den Menschen als Gesamtheit einzubeziehen. Zugegeben, daß die Naturheilkundigen in diesem Punkt weitblickender sind, aber sonst unterscheidet sich doch ihre Therapie nicht grundsätzlich von der der Ärzte. Bei einer Erkrankung verschreibt der Schulmediziner seinem Patienten vielleicht Aspirin, der Naturheilkundige Kamillentee. Der Unterschied besteht lediglich darin, daß die Kamille völlig »harmlos« ist, während Aspirin recht schädliche Nebenwirkungen zeigen kann. Ich muß so oft an das denken, was mir einmal mein Hausarzt sagte: »Natürlich kann ich Ihnen, wenn Sie wollen, etwas gegen Ihre Erkältung verschreiben, nur müssen Sie eins bedenken: unbehandelt dauert der Schnupfen seine sieben Tage, nehmen Sie jedoch etwas dagegen ein, so ist er nach einer Woche weg.« Damit brachte dieser Mann drastisch zum Ausdruck, um was es bei einer Krankheit eigentlich geht. Er war auch einer der wenigen, der offen bekannte: »Ach ja, ich tue mein Bestes und versuche, den Menschen zu helfen, aber heilen ...?« Verstehen Sie mich bitte recht, es geht mir keineswegs um die Verunglimpfung natürlicher Mittel, ich möchte nur darauf hinweisen, daß die Wahl des *richtigen* Mittels eben weitaus schwieriger ist als man meinen sollte. Kräuter und andere Naturprodukte zielen nicht primär auf die Besserung eines Leidens ab, ihre Hauptaufgabe ist es vielmehr, den Kranken in seinen Bemühungen um die Wiedererlangung des inneren Gleichgewichts zu unterstützen.

Verweilen wir noch ein wenig bei der Frage, ob wir wirklich nur darauf bedacht sein sollten, eine »optimale Gesundheit« anzustreben. Der Titel dieses Buches *Krank sein – lästig, aber doch gesund* ist nicht aus der Luft gegriffen. Ich habe mir nämlich einmal durch den Kopf gehen lassen, daß wir häufig auf recht egoistische Weise mit unserer Gesundheit befaßt sind. Anlaß dazu bot mir der Glückwunsch eines Bekannten, der mit den Worten endete: «... Hauptsache, man ist gesund, alles andere kommt dann von selbst.« Das gab mir zu denken. Ist Gesundheit wirklich die Hauptsache? Ist Krankheit tatsächlich etwas so Schreckliches und Minderwertiges wie man immer sagt? Es gibt keinen Teilbereich des menschlichen Geistes oder des menschlichen Körpers, der nicht typisch menschlich ist; alles hat seine Funktion, alles ist integriert. Weshalb also sollte das Kranksein keine Funktion haben? so fragte ich mich.

Dadurch kam ich auf den Gedanken, daß unsere Einstellung zur Krankheit im Grunde ganz *unmenschlich* ist. Im landläufigen Sinne ist Krankheit etwas, was man vertuschen und verschweigen sollte. Und vom sozialen Standpunkt aus mag das berechtigt sein. Ein kränkelnder Mensch zählt eigentlich nicht so richtig mit; er ist kein vollwertiges Glied unserer Gesellschaft. Nur der Gesunde ist tüchtig. Gesunde sind es, die das Sozialgefüge aufbauen und stützen. In seinen Ursprüngen ist der Mensch harmonisch und gut. Später geriet er – wie eingangs dargestellt – in seine dualistische Phase. Von da ab mußte er sich für harmonisch oder disharmonisch (für gut oder böse, wie man sagte) entscheiden. Der Mensch bekam sein Gewissen (Saturn). Sowohl die Krankheit als auch die Gesundheit sind ganz und gar menschlich – wohlbemerkt auch die Krankheit! Der Sinn des menschlichen Lebens liegt in seinem Endzweck, der Wiedererlangung vollkommener Harmonie. Daran hat der Mensch zeit seines Lebens zu arbeiten. Harmonie läßt sich nicht allein durch gute Taten erreichen. Wenn einer sich sagt: »Hauptsache, ich bin gesund, schaffe was das Zeug hält und lasse mir nichts zuschulden kommen, dann bin ich ein wertvolles Glied der Gesellschaft«, so ist diese Auffassung der eigenen Person und dem eigenen Wesen gegenüber heuchlerisch. Es ist wirkungslos, die eigenen Disharmonien totzuschweigen und zu verstecken. Das innere Gleichgewicht, die letztliche Harmonie, erreicht man nicht dadurch, daß man dem Guten nachjagt; *man muß vielmehr die eigene Harmonie wie auch die eigene Disharmonie zu erkennen und zu begreifen lernen.* Solange eine Therapie allein darauf ausgerichtet ist, einen möglichst guten Gesundheitszustand zu erreichen und jedwede geistigen oder körperlichen Störungen so rasch es geht zu beseitigen, kann man von einer echten »Heilung« im eigentlichen Sinne des Wortes nicht sprechen. Im Gegenteil, es wäre sogar eine widernatürliche Verhaltensweise. Wenn nämlich eine Krankheit auftritt, so hat das seinen Grund. Jede Krankheit ist zugleich eine »Offenbarung«; es liegt bei uns, ob wir diese erkennen und beherzigen wollen oder nicht.

Der erste Schritt hin zur Gesundung besteht darin, daß wir unsere Krankheit *wirklich erkennen.* Kein Mittel – gleich ob allopathisch, homöopathisch oder sonstwas – wird anschlagen, wenn wir nicht zu den Wurzeln des Leidens vorstoßen und sie als solche akzeptieren. Haben wir aber erst einmal das Gesunde an der Krankheit erkannt, so verliert diese ihre Schrecken. Die Krankheit ist dann nicht länger der Feind, der um jeden Preis besiegt werden muß, sondern sie wird wieder zu einem Teil unseres totalen Seins. Unsere Disharmonien dürfen wir nicht verdrängen und verstecken – nein, wir sollten sie uns gut anschauen und mit ihnen umzugehen lernen. Dadurch werden die Disharmonien »entschärft«, d. h. sie sind nicht mehr so gefährlich.

Man kann die Sachlage mit einer Eiterbeule vergleichen: Solange der Entzündungsherd noch unter der geschlossenen Hautdecke liegt, stellt er eine nicht zu unterschätzende Gefahr dar; ist die Eiterbeule jedoch aufgebrochen, so ist der Patient nicht mehr gefährdet, denn der Eiter (Disharmonien) kann abfließen (den Körper verlassen).

Dieses Buch ist für Menschen geschrieben, die ihre Gesundheit nicht als »Besitz« verstehen, für Menschen, die auf der Suche nach den Zusammenhängen der Dinge sind. Bedauerlicherweise ist der Mensch häufig Sklave seiner Gesundheit. Wer jedoch auch nur einen blassen Schimmer von den kosmischen Bindungen und Verflechtungen hat, gelangt zu der Erkenntnis, daß echte Harmonie nur da möglich ist, wo der Glaube vorhanden ist. Es muß sich dabei nicht unbedingt um den Glauben an ein kirchliches Dogma, an eine Ideologie oder desgleichen handeln; ich verstehe unter dem Glauben die Urkraft, die Entfaltungsfähigkeit, die jedem Menschen eigen ist; und es ist kein Zufall, daß man *Glauben* und *Heilung* als zwei Phänomene ein und desselben kosmischen Prinzips, des *Jupiter-Prinzips* ansieht.

Glauben heißt soviel wie die Bewußtwerdung zu akzeptieren und dadurch zu innerer Reife zu gelangen. Möge dieses Buch zu einer solchen Bewußtwerdung beitragen!

Wenn in der Kapitelüberschrift gefragt wird »... was tut man, um von einer Krankheit geheilt zu werden?«, kann ich Ihnen nur raten, den Inhalt dieses Buches in sich aufzunehmen und zu durchdenken, dann kennen Sie die Antwort:

Dir geschehe, wie du geglaubt hast!

SCHLUSSBETRACHTUNG

Wahrscheinlich werden nach dem Lesen dieses Buches noch viele Fragen offenbleiben. Eine erschöpfende Anwort ist insofern leider nicht möglich, als jeder Mensch und damit seine körperlichen und seelischen Beschwerden einmalig sind. Außerdem stehen wir gegenwärtig erst am Anfang der Wiederentdeckung alter und aufschlußreicher Urwahrheiten und Weisheiten.

Zum Glück hat der »Zahn der Zeit« nicht alles angenagt und zerstört. Vieles ist uns erhalten geblieben – allerdings meist in verschleierter Formulierung.

Altes Schrifttum – so Bibel, I-Ging, Koran und vieles mehr – sollten wieder und wieder offenen Auges gelesen werden, wenn wir uns freigemacht haben von dem verkrusteten Interpretationsmodus der letzten Jahrhunderte. Nachdem das kausale Denken immer mehr zur Geltung gekommen war, tauchten Schwierigkeiten bei der Auslegung solch alter Texte auf, deren tiefe Weisheit kausal nicht erklärlich ist. Dadurch kam es zu gewissen Sinnentstellungen, denn man legte an alte Weisheiten den Maßstab der Kausalität an und schwieg sie tot, wenn dies zu unbefriedigenden oder unverständlichen Ergebnissen führte.

Wir dürfen uns glücklich preisen, in einer Zeit zu leben, in der viele Menschen bereit sind, das kausale Denken wieder dorthin zu verweisen, wo es angebracht und sinnvoll ist. Dadurch wird Raum geschaffen für andere Denkweisen.

Die Geschichte hat uns gelehrt, daß alles Geschehen wellenförmig abläuft. Nach der Entwicklung zum einen Extrem hin kommt die Wende und die Entwicklung zum anderen Extrem hin. Dazwischen gibt es eine Phase der Ausgewogenheit. Vermutlich haben wir gerade das Extrem des kausalen Denkens mit all seinen Konsequenzen erreicht, und einige von uns sind bereits umgekehrt, d. h. zum anderen Extrem des *analogen Denkens* unterwegs.

Für uns ist freilich nur wichtig, daß wir ein (inneres) Gleichgewicht anstreben. Kausales und analoges Denken sind Gegenteile, die – sich ergänzend – gemeinsam jene Einheit des Menschseins darstellen, die man als »optima forma« bezeichnen könnte. Befleißigen Sie sich also nie ausschließlich der einen oder der anderen Denkweise, sondern sorgen Sie für die nötige Ausgewogenheit.

Befassen Sie sich kausal mit Ihrer Krankheit, so stehen Ihnen dafür zahlreiche gute medizinische Handbücher zur Verfügung. Dieses Buch hingegen versucht Ihnen einen Einblick in die *wesentlichen* Zusammenhänge zu geben, die kausal nicht erklärbar sind. Vergessen Sie jedoch nicht, daß es sich dabei nur um einen ersten Ansatz handelt. Wir müssen gemeinsam weitersuchen und zu neuen Einsichten gelangen. Dies ist allerdings nur möglich, wenn wir bereit sind, solche Zusammenhänge zu *erkennen*. Wenn wir nicht wissen, wonach wir suchen sollen, hat die Sache wenig Sinn.

Ferner ist es wichtig, daß wir die Thematik zunächst einmal in großen Zügen begreifen müssen, ehe wir uns in Einzelheiten einlassen. Das vorliegende Buch befaßt sich mit den Grundzügen, doch wir müssen uns immer vor Augen halten, daß sie in unserem Leben in vielfältigen Varianten und Kombinationen in Erscheinung treten. Jeder Mensch ist eigentlich »ein Buch für sich«. Es ist ein Ding der Unmöglichkeit, die für die Menschheit erforderliche Vielzahl von Büchern zu schreiben oder auch nur zu lesen. Wenn Sie aber bereit sind, wenigstens das »große Alphabet« (kosmisches Grundwissen) zu erlernen, können Sie sich Ihr eigenes Lebensbuch schreiben und darin lesen. Ich wünsche Ihnen die nötige »Inspiration« beim Studium eines kleinen Teils des großen ABCs, das ich in diesem Buch darzustellen versucht habe.

Zum Schluß noch ein Tip: Wußten Sie, daß sich das Alphabet besser erlernen läßt, wenn man es nicht nur *liest,* sondern auch *schreibt?* Anders ausgedrückt: Beschränken Sie sich nicht darauf, sich mit den kosmischen Prinzipien vertraut zu machen, sondern wenden Sie sie auch an. So wie jeder Mensch eine für ihn charakteristische Handschrift hat, so besteht auch die Möglichkeit, kosmische Gegebenheiten ichbezogen zu sehen und sie mit der persönlichen Eigenart in Einklang zu bringen. Diese Freiheit läßt uns der Kosmos. In der Schule mahnte der Lehrer: »Schreib' doch nicht so liederlich, sonst kann man's ja später nicht mehr lesen.« Ähnlich verhält es sich auch mit den kosmischen Prinzipien: Nutzen Sie sie, aber gehen Sie behutsam mit ihnen um, auf daß der Mensch für den Menschen erkennbar bleibe.

Ferner ist es wichtig, daß wir die Thematik zunächst einmal in großen Zügen begreifen müssen, ehe wir uns in Einzelheiten einlassen. Das vorliegende Buch befaßt sich mit den Grundzügen, doch wir müssen uns immer vor Augen halten, daß sie in unserem Leben in vielfältigen Varianten und Kombinationen in Erscheinung treten. Jeder Mensch ist eigentlich »ein Buch für sich«. Es ist ein Ding der Unmöglichkeit, die für die Menschheit erforderliche Vielzahl von Büchern zu schreiben oder auch nur zu lesen. Wenn Sie aber bereit sind, wenigstens das »große Alphabet« (kosmisches Grundwissen) zu erlernen, können Sie sich Ihr eigenes Lebensbuch schreiben und darin lesen. Ich wünsche Ihnen die nötige »Inspiration« beim Studium eines kleinen Teils des großen ABCs, das ich in diesem Buch darzustellen versucht habe.

Zum Schluß noch ein Tip: Wußten Sie, daß sich das Alphabet besser erlernen läßt, wenn man es nicht nur *liest,* sondern auch *schreibt?* Anders ausgedrückt: Beschränken Sie sich nicht darauf, sich mit den kosmischen Prinzipien vertraut zu machen, sondern wenden Sie sie auch an. So wie jeder Mensch eine für ihn charakteristische Handschrift hat, so besteht auch die Möglichkeit, kosmische Gegebenheiten ichbezogen zu sehen und sie mit der persönlichen Eigenart in Einklang zu bringen. Diese Freiheit läßt uns der Kosmos. In der Schule mahnte der Lehrer: »Schreib' doch nicht so liederlich, sonst kann man's ja später nicht mehr lesen.« Ähnlich verhält es sich auch mit den kosmischen Prinzipien: Nutzen Sie sie, aber gehen Sie behutsam mit ihnen um, auf daß der Mensch für den Menschen erkennbar bleibe.

Inhalt